中央高校基本科研业务费专项资金资助
(supported by the Fundamental Research Funds for the Central Universities)
课题编号为：2018-JYB22-XJSJJ015
北京中医药大学马克思主义学院学科建设资助项目
(编号：Bucm-MY-2020-03)

赖特阶级理论的当代建构

Wright's
Contemporary Reconstruction of
Class Theory

骆夷 著

中央编译出版社
CCTP　Central Compilation & Translation Press

图书在版编目（CIP）数据

赖特阶级理论的当代建构／骆夷著. —北京：中央编译出版社，2020.9

ISBN 978-7-5117-2210-2

Ⅰ.①赖… Ⅱ.①骆… Ⅲ.①西方马克思主义 – 阶级 – 理论研究 Ⅳ.①B089.1

中国版本图书馆 CIP 数据核字（2020）第 140281 号

赖特阶级理论的当代建构

责任编辑	纪宛伯　李媛媛	
责任印制	刘　慧	
出版发行	中央编译出版社	
地　　址	北京西城区车公庄大街乙 5 号鸿儒大厦 B 座（100044）	
电　　话	（010）52612345（总编室）	（010）52612335（编辑室）
	（010）52612316（发行）	（010）52612369（网站）
传　　真	（010）66515838	
经　　销	全国新华书店	
印　　刷	北京印刷集团有限责任公司印刷一厂	
开　　本	710 毫米×1000 毫米　1/16	
字　　数	187 千字	
印　　张	14	
版　　次	2020 年 9 月第 1 版	
印　　次	2020 年 9 月第 1 次印刷	
定　　价	70.00 元	

新浪微博：@中央编译出版社　　　微　　信：中央编译出版社(ID: cctphome)
淘宝店铺：中央编译出版社直销店(http://shop108367160. taobao.com)　　（010）52612322

本社常年法律顾问：北京市吴栾赵阎律师事务所律师　　闫军　　梁勤
凡有印装质量问题，本社负责调换，电话：(010) 52612322

前　言

人类文明进入后工业时代之后，随着社会生产力的发展，资本主义社会在经济、政治、文化、社会等多方面都发生了巨大变化。与社会产业结构、就业结构和分配制度同步变化的是，资本主义社会的阶级结构也发生了转变：靠体力劳动为生的蓝领工人减少，白领工人和服务业雇员比例上升。这种变化意味着，19世纪的阶级模式已不复存在。于是，西方学界产生了多种阶级理论，甚至出现了阶级消亡论的声音。然而，当代分析马克思主义者赖特（全名埃里克·欧林·赖特，Erik Olin Wright），通过多种理论和实证研究表明，当代资本主义国家的阶级并没有消失，只是发生了变化，出现了"中间阶级"，由资产阶级和工人的二元对立变成了复杂、多元的阶级结构。

阶级结构发生了由二元向多元的转变，传统马克思主义的阶级解释模式显然不能充分诠释当下的新情况，于是赖特试图发展一种能够与当下阶级模式相对应的阶级理论。他认为，马克思主义理论中蕴含着博大精深的阶级理论体系，而且，马克思所开创的是一种开放性理论传统，而不是一种封闭式教条理论，因而完全有可能在这一传统下重塑阶级理论。

阶级是一种由来已久的社会不平等现象，从奴隶社会到封建社会、资本主义社会，都存在着明显的二元对立的阶级结构。在诸多阶级理论研究中，有两种研究传统被列为经典：马克思主义传统与韦伯主义传统。马克思将社会不平等的根源定位为生产资料私有制，在此基础上，生产资料所有者对非所有者在劳动中进行剥削与压迫，并强制占有劳动者的劳动果实，由此产生了剥削阶级与被剥削阶级。作为生活在19世纪的伟大思想家，马克思终其一生都在为无产阶级的解放运动而斗争。韦伯是跨越了19世纪与20世纪的思想家，他提出阶级、社会地位与政党是社会阶层理论的三大要件，而在现代社会中，一个人在社会中的阶级地位，是与"市场机会"密切相关的。

马克思不是最早阐述阶级理论的人，早在古希腊时期，柏拉图和亚里士多德虽然没有明确提到"阶级"二字，但是却已论及了阶级思想。近代"阶级"理论的兴起一般同工业革命有关，"英文'阶级'（Class）一词启用于1602年"①。随着资本主义生产关系的日益发展，资本主义社会的阶级矛盾逐渐显现。欧洲的古典政治经济学家们，如魁奈（Fran-cois Quesnay）、亚当·斯密（Adam Smith）、李嘉图（David Ricardo）、西斯蒙第（Sismondi）等人，从经济学角度对各个阶级进行了分析。资产阶级的历史学家，如梯叶里（Augustin Thierry）、基佐（François Pierre Guillaume Guizot）和米涅（Francois Auguste Marie Mignet）等人，对历史上特别是法国大革命时期的阶级斗争做了描述。近代空想社会主义者们也纷纷提出了各自的阶级观，其中最值得一提的是，19世纪初的三大空想社会主义阶级观对马克思阶级理论的创立影响颇大。

马克思和恩格斯没有给阶级下过明确的定义或进行过系统的论述，在《资本论》第3卷的末尾，就当马克思要详细地阐述阶级时，手稿因他的逝世而中断。然而，这个遗憾并不影响阶级理论在马克思主义理论中的重要地位，也不能否认在马克思和恩格斯已经留下的著作中，蕴含着系统的阶级理论体系。在马克思和恩格斯之后，列宁在《伟大的创

---

① 糜海波：《马克思阶级概念的当代演变》，北京：中国社会科学出版社2012年版，第20页。

举》一文中，从人们在社会生产体系中的地位、同生产资料的关系、在社会劳动组织中所起的作用以及财富分配方式四个方面对阶级进行定义，这一定义被列为经典马克思主义的阶级定义。经典马克思主义的阶级理论，不仅仅"是对人类社会各种历史阶段的生产方式、经济基础、政治取向及其社会关系本质的理性认识、深刻理解和系统解答"①，而且它还昭示了平等公正的价值取向，指出了人类社会未来发展的终极目标。此后西方的各种马克思主义者，都对经典马克思主义的阶级理论有不同的发展，而且仍在延续。

从时间和社会发展来看，早期的西方马克思主义者，在第一次世界大战（以下简称"一战"）之后开始思考无产阶级的革命策略问题，他们大多强调阶级意识的重要性。卢卡奇认为无产阶级是否能够克服物化意识、形成具有总体性认知的成熟的无产阶级阶级意识，是革命成败的关键；葛兰西也强调无产阶级政党要夺取意识形态霸权。第二次世界大战（以下简称"二战"）以后，资本主义国家进入经济繁荣期，人民生活水平显著提高，政府也采取缓和阶级矛盾的干预政策，工人阶级爆发流血革命冲突的可能性似乎微乎其微了，卢卡奇所担心的工人阶级被物化现象不仅没有被克服，反而加深了。于是法兰克福学派哲学家马尔库塞提出了"单向度的人"理论，劳动环境和物质生活条件的改善，使无产阶级丧失了否定、批判的意识，成为消费社会中不具有自我超越能力的单向度的人。到了 20 世纪后几十年，分析马克思主义者们从不同角度对阶级问题展开研究，赖特的"新中间阶级"理论备受关注；后马克思主义者则主张社会从二元对立走向多元化，同时，阶级不再是社会冲突的主体力量，社会竞争的主体是多元化社会团体，阶级政治已转向了认同政治。

---

① 糜海波：《马克思阶级概念的当代演变》，北京：中国社会科学出版社 2012 年版，第 31 页。

从对阶级范畴理解的演绎上看,马克思立足于经济范畴的阶级理论在西方马克思主义者的理论中发生了各种转变。继卢卡奇与葛兰西强调阶级意识的重要性之后,英国学者汤普森认为,文化传统与阶级经历在阶级理论中占据至关重要的地位,阶级意识是在阶级经历中受到历史文化等因素的影响而形成的,而阶级意识的形成意味着阶级形成。希腊学者普兰查斯(Nicos Poulantzas)受到阿尔都塞多元决定论的影响,认为仅仅从经济关系决定人们的阶级地位并不恰当,而是应将经济、政治与意识形态综合起来作为一个整体来考察。德国学者达伦多夫则倡导一种权威式阶级概念,认为人们在政治权力中的地位决定了其社会阶级。进入知识经济时代之后,后工业社会理论倡导者贝尔认为,理论知识作为一种资源,成为社会变革与制定政策的主导因素,这将引起社会阶级结构的变化,有知识的阶级将成为社会的中坚力量。法国学者布迪厄则从文化视角出发,对马克思和韦伯的阶级阶层理念进行修改与调和,指出人们对经济、社会、文化资本的不同占有,会导致他们在生活品味和价值取向等方面的不同表现,从而形成复杂的阶级结构与阶级关系。法兰克福学派第二代学者哈贝马斯则认为阶级冲突已经缓和,代之的是社会生活与政治生活中的文化冲突,因此他关注公共领域的话语权,试图建立起在不同的主体间进行协商、对话的交往行动理论。与之相似的是,后马克思主义的红旗手拉克劳和墨菲则直接解构了阶级,主张多元的社会共同体在社会中争取话语霸权,用认同的政治取代阶级的政治。在社会学领域,也出现了关于阶级理论的多种争论,最为极端的是,有些学者,例如特里·尼科尔斯·克拉克和西摩·马丁·利普赛特提出社会阶级正在走向消亡的论调。

之所以出现多种相距甚远的阶级理论,正因为当代资本主义社会的阶级结构发生了剧变。这些变化体现在多个方面:第一,随着产权与管理权的分离及社会经济的复杂化,资产阶级的结构发生了变化,例如,垄断部门的资产阶级不断增长;中小企业发展空间的增大产生了很多中等的资产阶级；很多资本家出身的精英人才代表资本家利益参与政治，等等。第二，工人阶级的结构发生了剧烈的变化，这主要表现在三个方面，一是传统第一、第二产业部门的工人阶级相对减少，而服务业人口增加；二是工人阶级的受教育程度和综合素质普遍提升；三是工人阶级内部出现了多层次、多元化趋势。第三，一批定位不明确的所谓"中间阶级"出现，例如高级管理人员、一些高收入的自由职业者等。

　　恩格斯曾经说过："每一时代的理论思维，从而我们时代的理论思维，都是一种历史的产物，它在不同的时代具有完全不同的形式，同时具有完全不同的内容。"[1] 马克思和恩格斯的经典阶级分析理论，当然立足于 19 世纪的资本主义社会现实。面对当代资本主义社会已经发生并且仍在持续的阶级结构转变，传统马克思主义的阶级理论无法为之提供充分解释。在充斥着对阶级各种不同理解的理论舞台上，还有两种争论颇为引人注目，一是"阶级消亡论"与"阶级存活论"之间的争论。"阶级消亡论"主张当代大多数资本主义国家已不是阶级社会，阶级分析已经过时，其中最著名的应为安东尼·吉登斯提出的"第三条道路"理论，吉登斯主张超越"左"与"右"的对立，走所谓的"第三条道路"。当然，也有一些理论家，如以博托莫尔和罗伯茨等人为代表，认为尽管阶级冲突不再是资本主义社会中的明显特征，因为劳资暴力对抗已改变为罢工与集体谈判、流血革命变为改良主义的社会民主、中产阶级的人数增加以及工人阶级的规模缩小。但是，阶级之间的分野依然十分清晰，工人阶级推翻资产阶级的历史使命没有改变。二是阶级"两极分化"与"非两极分化"之间的争论。前者以哈里·布雷弗曼为主要代表人物。他主张，很多中间阶级仍然是工人阶级，他们也是受雇佣的劳动者。同时，机器化生产取代工人技术的工业发展趋势，使工人逐渐被异化。而且，随着技术的不断进步，很多中产阶级的中下层成员逐渐被

---

[1]　《马克思恩格斯选集》（第 4 卷），北京：人民出版社 1995 年版，第 284 页。

"去技能化"，落入无产阶级的队伍之中。因此，总体看来，当代资本主义国家的阶级结构仍是两极分化的格局与趋势。后者主张传统的两极对立已经消失，如尼克斯·普兰查斯，他主张中间阶层中大部分人已不属于工人阶级。他和其他一些学者用马克思的剥削定义对阶级进行划分，其结论是工人阶级在整个阶级结构中所占比例很小，这让很多人大为惊异。

现实社会的复杂变化与各种针锋相对的理论争论，都渴望一种全新的阶级理论进行正名。一方面，传统理论不足以解释社会阶级结构发生的新变化，阶级理论需要与时俱进。另一方面，新的社会阶级关系的出现让人们的思想产生了迷茫，亟需一种与之相应的理论解释。于是，一种对应资本主义社会当下现实的新的阶级分析理论，就在理论与现实的呼唤中应运而生了。赖特试图以自己的方式对当代资本主义社会的阶级现状进行深刻剖析，发展出一种适应于当下的阶级理论，从而也以理论对争论做出回应。在研读诸多阶级思想之后，赖特认为马克思所开创的阶级分析体系，能够继续为当代社会阶级理论的构建提供指导。于是，他立足于马克思主义阶级分析传统，努力构建出一套对当代社会阶级问题具有深刻解释力的马克思主义阶级理论。然而，马克思与韦伯所开创的两种阶级分析传统虽有差异，却不是完全对立的，赖特从韦伯主义传统中汲取了多种养分，尽管打着分析马克思主义的旗号，他的阶级理论却也蕴含浓重的韦伯主义色彩。也可以说，他的理论是调和马克思主义与韦伯主义的一种当代阶级理论构建，其中，马克思主义立场居于主体性框架地位。

除了赖特之外，其他一些分析马克思主义的学者，对阶级也有各自不同的立场与研究视角。例如罗默在阐述剥削理论时，首先从技术角度进行分析，其次从道德角度进行分析。关于技术角度，罗默通过微观经济学模型，论证出财产占有的数量决定了所有者的阶级，所拥有财富多，自然而然就会成为剥削阶级；所拥有财富少，就会成为被剥削阶级，财富占有、剥削与阶级三者是一一对应的关系。埃尔斯特运用个人主义方法，借助理性选择理论，从集体行动的角度对马克思主义剥削理论进行重构，他的理论主要涉及阶级的定义、阶级意识与阶级斗争，其中对阶级的定义较为独特，在通过对依据财产、剥削、市场行为和权力来定义阶级的批判性分析之后，埃尔斯特提出了依据"资产—行为"定义阶级的理论。另外，普沃斯基探讨阶级妥协理论。

这三者的理论对赖特都有影响，赖特借鉴了罗默的剥削理论，并在加以改造的基础上确立了三种资产剥削维度，进而划分了当代资本主义社会阶级结构的基本框架。埃尔斯特对阶级的研究则为赖特批判的对象，尤其是其个人主义方法论、理性行动者模型。赖特从普沃斯基的阶级妥协理论中受到启发，然而他认为普沃斯基阐述的是一种消极的阶级妥协理论，他则探讨了实现积极的阶级妥协的方法。

赖特的阶级理论发轫于对现实社会"中间阶级"问题的困惑，即前文所说的第二种争论。他发现，社会中有一些雇员，既不像工人，又不像资本家，例如企业高管与技术专家，这些人被他称为新"中间阶级"。他从如何对中间阶级进行定位入手，提出"阶级关系内的矛盾定位"概念。又受到罗默"一般剥削理论"的影响，他立足于三种资产剥削理论，确立了当代资本主义社会阶级分析的基本框架。从这一框架出发，赖特对当代资本主义社会的阶级问题进行一系列理论建构与实证研究。

赖特的阶级理论已成为当代阶级阶层研究领域不可忽视的一笔。在国外学界，他的理论经常被讨论，模型经常被当作经典引用；而在国内，对赖特阶级理论的研究仍处于介绍阶段。本书对他的阶级理论进行了系统的批判性研究，这一研究对于了解当代资本主义社会的阶级状况和社会政治状况，推进马克思主义政治哲学的研究，均有重要的启示意义。

首先，赖特的阶级理论是一种现实性的（与理想性相区别）、建构性的（与解构主义相区别）理论。在当代西方政治哲学界，有两大突出研究领域，一是西方马克思主义理论，二是资产阶级政治哲学。前者正在发生着激烈的变革，产生了两种主流研究思潮：分析马克思主义与后马克思主义；后者则集中体现为新自由主义与社群主义之争，随着罗尔斯正义理论的阐发，新自由主义政治哲学思想颇占上风。在这种理论背景下，赖特试图立足于马克思主义阶级体系进行研究，他的理论建构是具有深刻理论意义的。

一方面，赖特把政治哲学从理想中拉回现实。通俗地说，政治哲学理论有两种：一是理想性政治哲学，二是现实性政治哲学。理想性政治哲学注重理论的价值性，而现实性政治哲学注重理论的事实性。当然，一种更完美的理论是达到价值性与事实性的统一。在新自由主义思潮中，罗尔斯的正义论独占半边天，他是从价值角度和社会制度的构想层面对正义进行探讨，其理论居于理想与现实之间，更注重价值性。而赖特则从事实层面对社会不平等进行调研，阐发了一种现实性的阶级理论。另一方面，西方马克思主义发展到后马克思主义，已经变成一种破裂性、离散性的思维，拉克劳和墨菲受到结构主义的影响，对阶级进行了解构。赖特对马克思主义阶级理论的当代重建，无论其成功与否，都是对后马克思主义破坏性力量的一种力挽狂澜的建构。

其次，赖特建构的阶级结构基本框架与其诸多实证研究，对诊断资本主义社会现实极具参考意义。一方面，赖特立足于三种剥削维度所建立的资本主义阶级结构基本框架，综合汲取了马克思、韦伯与罗默阶级理论，是一种阶级与阶层相结合的研究框架。这一框架不是一种固定的"阶级"划分框架，而是一种相对的、开放的不同"阶级位置"区分框架。阶级阶层理论在不同的社会中具有不同的作用，并不一定是彰显阶级冲突、推动阶级对立，而有时可以用于诊断社会现实，防止社会矛盾朝着不好的方向发展。赖特强调"位置"的阶级分析框架，更强调其诊断现实性。即使在资本主义社会，立足于当下现实，赖特在经过诸多研究之后，提出一种积极的阶级妥协理论，而在认为这一理论可实现性比较小的情况下，他提出了深化民主、走向社会主义的道路，这并不代表阶级分析没有意义，至少阶级分析提供了一种诊断现实的功能，为当前的理论困境指明一种新的方向，也为人们对现实社会的迷茫提供了灯塔。另一方面，赖特诉诸实践，分析并揭示了资本主义社会阶级现状，对阶级结构、阶级意识与阶级形成、阶级流动、阶级与收入的关系、阶级与性别的关系、阶级与家庭的关系等一系列相关领域进行理论建构的同时，展开了实证研究。他所建立的理论框架与提供的实证研究数据，都具有相当大的学术参考价值，现在经常被引用与借鉴。

再次，分析马克思主义在国内学界兴起也有一些时日，对赖特阶级理论的研究却不多，且多拘于其阶级结构划分框架与其他部分理论的基本介绍。本书试着梳理赖特阶级理论中最重要的内容，一方面作为一种资源整理工作，供以后的研究者参阅；另一方面对所涉及的理论提出自己粗浅的见解，以期与国内其他研究者进行交流。

最后，我们可以趋利避害地从赖特的阶级理论研究中得到一些启示。一方面，当前我国部分学者对新自由主义经济模式抱着天真的幻想，提到收入分配不公就要学习西方。而本书第三章，通过对资本主义社会阶级结构的实证研究，揭示出资本主义社会日趋严重的贫富分化与不平等，托马斯·皮凯蒂（Thomas Piketty）在《21世纪资本论》一书中，也用大量翔实的经济数据为这一结论做出佐证，这是对新自由主义经济模式的一个有力回击。另一方面，无论是否用阶级阶层分析模式解决社会问题，庞大的中间阶层都有利于长期的社会稳定，因此，我们可以加强中间阶层的培育，而赖特所定位的那些中间阶级位置，有利于为培育中间阶层提供指示。

目　录

第一章　阶级的基本理论与研究方法 ……………………………… 1

　第一节　阶级分析的缘由及其基本概念 ……………………… 1

　　一、阶级分析：激进平等主义工程的内在要求 …………… 2

　　二、阶级概念的三个阶段 …………………………………… 6

　第二节　阶级分析的内在逻辑和理论立场的转变 ………… 20

　　一、马克思主义范式与实证主义社会科学的对立 ……… 21

　　二、在马克思主义和韦伯主义阶级分析传统之间 ……… 23

　　三、一种综合性的逻辑分析框架 ………………………… 27

　　四、小结 …………………………………………………… 35

第二章　剥削理论与阶级结构理论 …………………………… 37

　第一节　"中间阶级"的"矛盾定位"概念 ………………… 37

　　一、"中间阶级"难题 …………………………………… 38

　　二、"阶级关系中的矛盾定位"概念："对立"＋"共享" …… 41

　第二节　剥削与阶级分析 …………………………………… 46

　　一、剥削的定义：对罗默的修正 ………………………… 47

　　二、剥削机制："组织剥削"取代"地位剥削" ………… 50

　　三、中间阶级及其矛盾定位：十二种阶级位置模型 ………… 52

第三节　赖特与罗默理论之比较 ⋯⋯⋯⋯⋯⋯⋯⋯⋯⋯ 55

一、罗默剥削理论存在的问题 ⋯⋯⋯⋯⋯⋯⋯⋯⋯ 56

二、赖特何以对罗默剥削理论进行修改和补充 ⋯⋯ 57

三、阶级与阶层相结合的理论研究模式 ⋯⋯⋯⋯⋯ 59

第四节　赖特剥削与阶级结构研究的理论失误 ⋯⋯⋯⋯ 61

一、"中间阶级"的"剥削"悖论 ⋯⋯⋯⋯⋯⋯⋯⋯ 61

二、多重维度剥削论的理论根源 ⋯⋯⋯⋯⋯⋯⋯⋯ 63

第三章　凸显当代资本主义社会阶级结构的实证维度 ⋯⋯⋯ 67

第一节　静态的阶级结构表明:"工人阶级仍是最大的阶级" ⋯⋯ 67

第二节　动态的阶级结构表明:"中间阶级"位置正在扩大 ⋯⋯ 73

一、两种不同的假说:后工业社会理论与经典马克思主义

理论 ⋯⋯⋯⋯⋯⋯⋯⋯⋯⋯⋯⋯⋯⋯⋯⋯⋯ 73

二、实证研究倾向于支持后工业社会理论 ⋯⋯⋯⋯ 75

第三节　赖特实证研究的疏漏:忽视马恩阶级研究的晚期结论 ⋯ 79

一、关于马克思和恩格斯对"中间阶级"发展趋势的预测 ⋯⋯ 80

二、马克思和恩格斯对"中间阶级"的描述 ⋯⋯⋯⋯ 82

三、马克思和恩格斯所谓"新阶级"是不是"中间阶级"? ⋯⋯ 85

第四章　阶级意识与阶级形成 ⋯⋯⋯⋯⋯⋯⋯⋯⋯⋯ 91

第一节　阶级意识与阶级形成的基本理论 ⋯⋯⋯⋯⋯⋯⋯ 92

一、基本概念界定 ⋯⋯⋯⋯⋯⋯⋯⋯⋯⋯⋯⋯⋯ 92

二、微观模型:阶级位置影响阶级意识 ⋯⋯⋯⋯⋯ 98

三、宏观模型:阶级结构影响阶级形成 ⋯⋯⋯⋯⋯ 102

四、宏观模型与微观模型的结合:"构成"与"调节" ⋯⋯⋯ 107

第二节　对瑞典、美国和日本阶级意识与阶级形成的实证

研究 ⋯⋯⋯⋯⋯⋯⋯⋯⋯⋯⋯⋯⋯⋯⋯⋯⋯ 110

一、实证研究的理论预设 ………………………… 110

二、实证调研结果 ………………………………… 113

三、结论：三国各自呈现出鲜明的特征 ………… 127

第三节 两种阶级意识导向模式：认同与利益 ……… 128

一、结构探讨和程序探讨的基本理论解释 ……… 129

二、认同与利益影响阶级意识的因果模型 ……… 131

三、实证研究结果：应依不同侧重将二者结合 … 134

第四节 赖特阶级意识与阶级形成研究的得失与启示 … 136

一、赖特阶级意识与阶级形成研究的得失 ……… 136

二、赖特阶级意识与阶级形成研究的启示 ……… 140

第五章 阶级妥协与阶级超越 ……………………… 143

第一节 积极的阶级妥协理论 ……………………… 144

一、理论渊源与策略基础 ………………………… 144

二、策略博弈模式分析 …………………………… 152

三、积极的阶级妥协的实现机制 ………………… 157

四、赖特积极的阶级妥协理论的意义、局限及其阶级研究的

方法论 ………………………………………… 169

第二节 展望真实的乌托邦——超越资本主义 …… 176

结 语 ………………………………………………… 188

参考文献 …………………………………………… 191

后 记 ……………………………………………… 206

第一章　阶级的基本理论与研究方法

诉诸阶级分析是因为它对社会和历史现象具有深刻的解释力。虽然阶级不能解释一切社会现象，但是对于资本主义社会的不平等问题而言，它却是一种非常有说服力的解释法则。近些年来，国内外学术界对社会正义的探讨方兴未艾，平等与正义在价值上是相辅相成的，而阶级却是一种由来已久的社会不平等现象。赖特①出于对激进平等的渴求而探讨阶级这种资本主义社会严重的不平等现象，出于对马克思主义阶级分析传统的信赖与尊重而试图在马克思主义框架内研究阶级问题。本章研究赖特植根于阶级分析的原因、对阶级概念的理解、阶级分析的内在逻辑和基本理论立场的转变。

第一节　阶级分析的缘由及其基本概念

关于赖特为什么研究阶级问题，这个问题实际上包含两个子问题：一是赖特为什么研究阶级问题，二是赖特为什么植根于马克思主义传统

---

① 赖特全名埃里克·欧林·赖特（Erik Olin Wright），分析马克思主义的代表人物之一，系美国威斯康星大学（麦迪逊）社会学教授。主要研究领域：阶级分析和历史变迁、经济社会学、性别、一般社会理论和政治社会学。其中，以阶级分析理论最为著名，1985 年出版的《阶级》一书为其成名作。

研究阶级问题。这两个各自独立的问题同时也存在着相互交叉之处。对赖特而言，激进平等主义工程是他理论追求的终极目标。所以，平等是他研究一切理论的基本出发点。在当代资本主义社会中，阶级问题与这一理论探索方向有着休戚与共的关系。而"在马克思主义传统中有着对阶级分析最精细和最系统的理论框架"①。同时，马克思所开创的理论体系是一种开放式体系，这一理论体系不仅可以为赖特的研究提供理论视角与核心工具，还可以与时俱进。不仅如此，传统马克思主义阶级理论中蕴含着与激进平等主义相契合的理论命题。

赖特对阶级概念的理解经历了三个阶段，从早期突出阶级关系中的"共同位置"，到成熟期抓住"剥削"这一核心要素，再到后来韦伯主义对赖特的影响逐渐明晰。他的阶级概念最鲜明的特征是：突出了阶级的"关系性"。赖特对阶级概念的理解从初期逐渐走向成熟，到了后来又不免有些偏离马克思主义理论立场。

一、阶级分析：激进平等主义工程的内在要求

赖特认为，马克思主义理论传统与他所追求的平等价值有着无限的理论默契。因此，在 20 世纪 60 年代，作为一名学生，赖特为马克思主义所深深吸引。当时他试图把政治理想与学术研究结合起来，内心渴望一种深度的理性论辩，而马克思主义传统为他提供了一个极富吸引力的线索。在后来的理论生涯中，赖特不止一次提到承袭马克思主义理论传统的原因，他的说法有着细微的变化，然而其核心思想并未改变。

一是在激进平等主义工程的深化过程中，马克思主义理论传统持续地为他提供必不可少的理论视角和工具。尽管马克思在《关于费尔巴哈的提纲》中强调"改变世界"的重要性，赖特却强调，只有先认识了世

---

① [美] 埃里克·欧林·赖特：《后工业社会中的阶级：阶级分析的比较研究》，陈心想、皮小林、杨玉明等译，沈阳：辽宁教育出版社 2004 年版，第 2 页。

界，才能改变世界。马克思主义理论传统为他认识世界提供了有效的理论工具。在表达方式上，赖特习惯用"马克思主义传统"（the Marxist tradition），而不喜欢用"马克思主义"（Marxism）。在他看来，"马克思主义传统"只是发端于某个独特的历史人物，强化了马克思主义的理论实践倾向，与其说是一种社会科学，它更像意识形态。正因如此，赖特喜欢这种退一步的表达方式，它预示了一种理论进取心。这种宽容的马克思主义传统的社会思想，对于加深理解现存资本主义社会的矛盾以及平等主义社会变迁的可能性，有着至关重要的启示意义。

二是这种传统虽然不会提供激进平等主义工程所需的所有理论原则和概念，但是它能够提供所需的核心理论工具。在此赖特强调的是，马克思主义阶级分析能够提供理解资本主义社会体系本质及其变迁的绝对核心概念，但是，这种马克思主义内核需要其他激进传统的理论思想的填补，特别是女性主义，甚至是其他主流社会科学思想。

同为分析马克思主义的重要代表人物，G. A. 科亨曾说："当今有三个问题应当引起我们当中那些从事马克思主义传统研究的人的注意。它们是关于反对和推翻资本主义的方案的设计、正确性和策略的问题。第一个问题是，我们想要什么？一般说来，甚至更具体点讲就是，我们所追求的是什么形式的社会主义社会？第二个问题是，为什么我们想要这种社会主义？资本主义究竟错在哪？社会主义又对在哪？第三个问题是，我们怎样才能实现社会主义？现今发达资本主义社会的工人阶级已不是原来的工人阶级，或已不是过去认为的工人阶级，这一事实对于实践意味着什么？"[1] 在这三类总结中，赖特从事的是第三种研究，即推翻资本主义、实现社会主义的策略问题。对于马克思主义传统，赖特提出

---

[1] ［英］G. A. 科亨：《信奉而不恭维：对分析的马克思主义的反思》，秋华译，载《马克思主义研究》，1996 年第 1 期，第 53—62 页。

了一种新的解读方式。即马克思主义传统由三个概念共同构成："阶级分析""阶级解放"和"历史理论"。[①] 这三种理论相互区别，也有着内在联系。赖特选取阶级分析理论来研究，是因为这与他的激进平等主义的阶段性目标相契合。

赖特曾经说过，大部分分析马克思主义者，都会受到"自由、平等和人类尊严等价值的激励"，他们赞同民主社会主义的某些思想，因为这些思想是实现他们所信奉的价值的手段。[②] 而赖特之所以致力于阶级分析，是因为以下两方面原因。首先，也是最重要的，是对激进平等主义的公正良好社会图景的一种美好渴求。激进平等主义是一种广泛而多维的理想。譬如它包括平等的性别关系，这表现在劳动分工和各种社交生活中；激进平等主义意味着深化民主，因为它意味着政治权力分配的一种平等主义视角，并因此要求制定直接参与的政治制度，而不是简单地举手表决的代议制民主；激进的平等主义意味着经济不平等的社会结构形式的结束，经济不平等根源于人们在社会劳动分工中所占的位置不同。精确描述这一理想是复杂的，但是宽泛地说，关于经济的不平等，描绘一个激进平等主义社会意味着两件事：第一，有个关于"物质生活机会平等"的深层形式，其中人的社会地位和自然天赋对他们在物质生活资料的资源和财富获取方面没有任何影响。第二，任何人，无论他们做出什么决定，都能保证一种体面的生活标准。因此激进平等主义意味着致力于一种无阶级社会的理想和减少社会阶级的政治实践。

其次，赖特认为，马克思主义的阶级概念恰恰与他对激进平等主义的强烈渴求相契合。[③] 他指出，马克思认为探讨正义和道德是无意义的，

---

① Wright E O, *Interrogating Inequality*: *Essays on Class Analysis*, *Socialism and Marxism*, London: Verso, 1994, pp. 235 – 241.

② Wright E O, "What is Analytical Marxism?", in Terrell Carver and Paul Thomas (eds.), *Rational Choice Marxism*, London: MacMillan Press, 1995.

③ 参见［美］埃里克·欧林·赖特主编：《阶级分析方法》，马磊、吴菲译，上海：复旦大学出版社 2011 年版，第 2 页。

关于道德的意识形态只是对物质条件和行动者利益的反映。因此马克思拒绝用社会公正或是其他价值原则为社会主义辩护，而是倾向于用工人阶级的利益来论证社会主义存在的原因，论证社会主义取代资本主义是历史发展的必然趋势。然而，马克思本人的作品中处处都渗透着道德批判以及对正义的向往。正是因为这一潜在目的，赖特认为马克思主义传统的阶级分析中隐含着激进平等主义思想，它们可以用下述三个命题①来表述。

一是激进的平等主义命题：人类的物质生活条件必将通过一种激进的平等主义分配方式而得到提高。马克思倡导"各尽所能，按需分配"的分配理论，追求"无阶级"的社会理想，这都体现了激进的平等主义这一命题。马克思提倡物质资源平等分配，如在家庭中，孩子的需求越多，就应该得到越多的资源，同时家庭的每位成员都应该根据家庭的需要，尽自己最大的努力去工作，为家庭做出贡献。这种分配方式也适用于公共图书馆：你只需要考虑要读什么书，而不需为支付费用发愁。这一思想深信，如果把这些分配原则推广到全社会，那么人类社会的生活将会更加繁荣。

二是历史可能性命题：在经济水平高度发达的条件下，通过物质资源激进而持续的平等分配方式来组织社会，便具有物质上的可能性。马克思主义传统的平等主义原则不仅简单地反映了人类的价值理想，也体现在政治实践的规划中。这一命题的核心便是把平等的道德理想转化到社会政治实践中。其基本思想是：当一个社会的生产力不断增加、绝对贫困不断减少的时候，在社会组织方式的实践中，激进的平等主义变得愈发可行。其极端的表达方式为，严格来说，在物质匮乏没有克服之前，平等主义分配理想不可能实现。温和点的表达方式为，高度发达的

---

① 参见［美］埃里克·欧林·赖特主编：《阶级分析方法》，马磊、吴菲译，上海：复旦大学出版社 2011 年版，第 4—6 页。原文将"激进的平等主义"译为"激进的平均主义"。

生产力发展水平，使得物质资源的平等主义分配方式更加具有可行性。

三是反资本主义命题：资本主义阻碍了物质资源的激进平等主义分配方式的实现。资本主义一方面创造了人类社会的繁荣，生产力的高度发展使得激进平等主义具有了物质上的可行性；另一方面，资本主义也发展出一些制度和权力关系，阻碍生产潜力的再创造和激进平等主义的实现。所以，经典马克思主义有如下结论：只有消灭资本主义社会，才能克服这些障碍，实现平等主义。当然，激进的平等主义可能只是个乌托邦。此时，赖特提出可以退而求其次，即使"无阶级"的社会只是个梦想，"少阶级"的社会却可以成为我们为之奋斗的政治目标。

这种激进平等主义的道德和政治诉求，其自身难以成为研究阶级问题的充分理由。毕竟社会中有许多种不平等在道德上触犯了激进平等主义，如性别不平等、种族不平等、区域和地区间的不平等。因而，赖特献身于阶级分析还植根于一种科学的信念：在激进平等主义工程面对的诸多不平等中，阶级不平等构成了社会不平等结构的最重要的轴心。"最重要的"在这里并不是指"对人们可能问的所有问题都最重要"，而是指阶级不平等和再生产不平等的制度深深地影响着其他所有的不平等，所以结果是，在研究激进平等主义政治的进程中，一个人无论研究其他什么方面，都必须懂得阶级是如何运行的。

二、阶级概念的三个阶段

在理论研究的早期，赖特在考察多种阶级定义的基础上，为阶级下了定义。这一定义的一个巨大漏洞是忽略了剥削在阶级理论中的重要性。于是，成熟期的赖特对阶级概念进行了扩展与深化，确立了剥削在阶级分析中的核心地位。在之后的研究中，赖特又强调了生产资料占有权在阶级分析中的关键意义。他对阶级概念理解的三阶段是个不断走向成熟和深化的过程，为他阶级理论的展开确定了一个基点。

(一) 作为关系性概念的阶级：突出"共同位置"

在早期（1979 年）的理论研究中，赖特曾大胆地对阶级进行如下定义："阶级不是具体的事物（Things）。它们不是具体的社会团体或可以统计的个体集合；也不是社会组织。阶级关系可能引发社会组织的形成，但是阶级本身不是组织。阶级构成了一种特殊的矛盾的社会关系，即社会生产关系内的共同地位。这一定义有四个重要部分：阶级构成了共同地位（Common positions），那些不同地位之间是有相关性的（Relational），它们之间的关系是矛盾对立的（Contradictory），这些对立的关系位于生产之中。"[①]

这一定义并非凭空而来，而是赖特在总结前人研究的基础上做出的。赖特指出，如果简化一下，总体说来阶级定义有三种构建方式：第一，是否从等级的或关系的角度去理解阶级；第二，如果是在关系中去理解，关系的关键方面是否定位于市场或生产之中；第三，如果阶级关系从根本上说是定位于生产之中，那么在分析生产的过程中是否首先要从技术分工、权威关系或剥削的角度去分析。

关于第一个维度，阶级的等级派观点，是指阶级被划分为不同的团体，通常的划分标准有两种：收入和社会地位。阶级的关系派观点是指，社会阶级依据单方面或相互之间的依赖形成一个体系，无论哪种依赖，都是建立在因果关系之上。用通俗的话说，等级派观点按"排序关系"来解释阶级，例如上层阶级、中间阶级等。关系派则是按相互"依存"的关系划分阶级，例如资产阶级、工人阶级；地主、奴隶，等等。

赖特认为，上述两种类型的阶级定义都抓住了相互关系位置的维

[①] Wright E O, *Class Structure and Income Determination*, New York：Academic Press，1979，p. 20.

度。二者的区别是，等级派观点完全围绕这些定量维度定义阶级，关系派观点则尝试着直接形成他们自身的社会关系图。等级派定义的阶级结构，从根本上说是一个静止的范畴体系。而关系派的阶级定义主张，一个社会中不平等的基本结构也是利益和社会集体活动的基本结构。社会关系不仅仅"定义"阶级，它们同样还"决定"阶级，作为社会力量的阶级是社会关系的真实结果。关系派阶级定义把阶级结构当作集体阶级斗争和阶级行动的潜在基础。如马克思对"自在阶级"和"自为阶级"的区别，韦伯所说的"共同行动的基础"，以及达伦多夫把阶级看作被权威关系决定的冲突集团等，这些对阶级的描述都潜在地把阶级结构与动态阶级斗争联系起来。而等级派的阶级定义在这方面显然有所欠缺。于是，在第一个维度上，赖特选择把阶级理论建立在对不平等的关系的理解基础上。

在第二个维度上，赖特很快选择将生产关系定位为阶级关系的关键方面。韦伯把市场关系引入阶级理论中，甚至认为"阶级状况最终就是市场状况"。赖特对此不以为然，他指出，韦伯这一阶级定义的言外之意是，阶级只能在资本主义社会存在，因为只有资本主义社会才有提供劳动力和资本的真正市场。然而，其他社会也有可能存在相互冲突的群体，根据韦伯的定义，他们就被排除在阶级之外，这种基于市场关系的阶级定义难免有些狭隘。

接下来考察关于阶级定义的第三个维度：关于阶级与技术分工的关系。有些人根据职业分类来定义阶级，赖特认为，此分类不过是阶级等级派观点的一个变种。而在另一些理论家眼中，职业分类被看作通过技术分工（或生产的技术关系）内的位置来定义阶级。他们认为，既然在现代工业社会中，生产的技术关系决定了工作的条件，决定了社会结构中资源、相对权力和不同职位的地位，那么职业代表了与技术分工相似的定位，职业应该被当作阶级的结构基础。这一阶级概念最典型的版本就是古尔德纳和贝尔的阶级理论。关于阶级与权威的关系，此时阶级被理解为直接建立在一个支配与隶属关系的体系之上，即使那些关系可能是通过技术约束形成的，阶级本身也不能用技术分工来定义。达伦多夫对阶级的理解正是遵循此种思路，这时的社会阶级结构，更像是一张建立在不同组织背景中、权威关系的交叉结构基础上的复杂的阶级分裂交叉网。而归根结底，阶级的权威性定义缺乏根基，甚至不能回答这样一个基本问题：为什么社会冲突应该以权威关系为中心并结构化？关于剥削理论，最常见的当属马克思主义理论中的剥削。在此时的赖特看来，剥削意指一种支配关系，在这种关系中，占支配地位的人能够获得处于从属地位的人的劳动剩余价值。而当阶级被理解为剥削关系的时候，阶级结构分析的首要任务是，了解剩余劳动是如何被占有的社会机制。列宁的阶级定义①就是对这一基础概念的延伸。一种阶级结构分析的中心，是要围绕着解释每一个阶级，包括列宁所指的"在一定社会经济结构中所处的"不同地位。在对阶级关系的这种解释中，生产过程中的技术分工和权威关系都会起作用。对于技术分工而言，它们在社会经济体系中的关键作用在于控制生产中的技术团体。说工人没有掌握生产手段，在某种程度上是指他们没有能力形成技术分工的基本轮廓。权威关系进入阶级结构的解释中，是由于在资本主义生产方式中，控制劳动力的能力是保证剩余劳动出现的必要条件。而关于阶级结构的剥削解释融合了技术分工和权威的两种定义，此时，阶级首先是通过对剩余产品的占有关系而被定义，其次是通过对技术分工和权威关系的控制被定义。

通过上述的考察，赖特得出结论：阶级应该在关系中定义，而非用等级的术语；阶级关系的核心轴线位于生产性社会团体中，而非位于市

---

①　列宁对阶级的定义如下："所谓阶级，就是这样一些大的集团，这些集团在历史上一定的社会生产体系中所处的地位不同，同生产资料的关系（这种关系大部分是在法律上明文规定了的）不同，在社会劳动组织中所起的作用不同，因而取得归自己支配的那份社会财富的方式和多寡也不同。所谓阶级，就是这样一些集团，由于它们在一定社会经济结构中所处的地位不同，其中一个集团能够占有另一个集团的劳动。"出自《列宁全集》（第4卷），北京：人民出版社1995年版，第11页。

场中；阶级关系的分析应植根于对剥削过程的检验，而既非技术分工，也非权威关系，尽管后两者都在理论中起到一定作用。在此基础上，赖特做出了本小节开头的阶级定义。

在赖特定义的四个重要部分中，他更强调"共同地位"和概念的关系性。在此我们解释下"共同地位"这一概念。（其他几个部分的意义在下文阶级概念的结构属性中讨论。）说阶级形成了共同地位，是指社会结构中有许多被个体所填满的空位置（Empty places）。赖特赞同普沃斯基①对此的形象描述，阶级分析首先必须被当作对空位置的分析，其次才是填满这些位置的真实个体。在阶级分析过程中，社会流动性很重要，理解这些空位置应具有逻辑优先性。而谁在何时何地占据了某一指定位置这一问题，则是真实位置被不同的社会阶级所占据的再生产。这一说法和马克思在1867年德文版《资本论》第1卷序言中提到的一样："这里涉及的人，只是经济范畴的人格化，是一定的阶级关系和利益的承担者。"② 位置是固定的，而人则是流动的，后者只是"经济范畴的人格化"。还要强调的是，这种个体社会位置的定位，不是在个人原子化的特征中，而是在一种特殊的社会关系——阶级关系中进行的。

尽管经过了他认为逻辑严谨的对比分析，赖特的阶级定义却没能概括出他所想要得到的所有结论，例如，"剥削"这一和阶级如同孪生兄弟一般的关键词却被他忽略了。在考察剥削问题时，他提到了列宁的阶级定义，却着重强调其"在一定社会经济结构中所处的""不同位置"，而没有看到"其中一个集团能够占有另一个集团的劳动"这句话的重要性，没有领略出"占有"二字的深刻涵义。或许，这种疏忽和失误源于赖特在考察阶级定义时的基础划分，把阶级概念中关键的问题放置在与

---

① 全名亚当·普沃斯基（Adam Przeworski，1940— ），国际知名政治学家、分析马克思主义的代表人物之一。

② ［德］马克思：《资本论》（第1卷节选），见《马克思恩格斯选集》（第2卷），北京：人民出版社1995年版，第101页。

"技术"和"权威"关系的细微对比中，导致最后尽管他选择了"剥削"却也没有真正意识到剥削与阶级密不可分、如影随形的联系。

（二）成熟期的阶级概念：阶级与剥削

几年之后，赖特意识到了此前定义有些不全面，在《阶级》（1985年）一书中，赖特又一次阐述了他认为的马克思主义阶级概念的基本结构属性："各阶级之间是相互联系的；这种关系是对抗性的；这种对抗性是来源于剥削的；剥削是基于社会生产关系的"①。可见，这是对早期定义的扩展与深化。二者相较而言，早期的定义描述了阶级形成了共同地位，而后来对阶级属性的描述中则引入了剥削；早期赖特用"矛盾对立"（Contradictory）来解释不同阶级之间的关系，而后来则更进一层，用了"对抗性"（Antagonistic）一词。关于赖特1979年定义中强调的"共同地位"，并不是后来对此予以否认，这是阶级定义中的核心词汇，是研究阶级问题过程中暗含的基本前提，即使字面没有提及，也是阶级概念的基本内涵之一。此处最有进步的是，赖特意识到了剥削在阶级中的重要地位。

首先，各个阶级之间是相互联系的，也就是说阶级是个关系的概念（Relational concept），位置存在于关系中。阶级不是根据等级排序的社会结构中的"空位置"的集合，各个阶级总是在社会关系中，尤其是在与其他阶级的关系中被界定，这在前文与等级派概念的对比中已进行过初步探讨。"关系中的位置"是个复杂的概念。一方面，关系本身只能在与彼此的相互联系中根据位置来定义；另一方面，位置是由组成它们的要素决定的。把阶级看作独立存在的位置并在之后进入与其他阶级的关系中，是错误的；把这些关系本身看作在某种意义上先于由它们所决

———————

① ［美］埃里克·欧林·赖特：《阶级》，刘磊、吕梁山译，北京：高等教育出版社2006年版，第37页。

定的阶级，也是不对的。阶级是关系中的位置，对位置和关系的分析必须同时发生。如果从阶级分析的基本要素、阶级对历史变革的影响和阶级对社会不平等的解释方面分析，强调阶级概念是一个关系概念还有以下三方面原因。

第一，赖特认为，阶级结构、阶级形成、阶级意识和阶级斗争是阶级问题中的四个重要要素，它们不能彼此完全独立地进行定义，它们之间存在内在的、必然的联系。因为"阶级是一种结构性的存在，它无法化简为其他历史地发展起来的群体性组织（阶级形成），个人和组织所持有的阶级思想（阶级意识），或者由作为阶级成员的个人或阶级组织所参与的冲突的形式（阶级斗争），并且这一阶级结构对阶级概念的其他几个要素提出了基本的约束"①。并不是说阶级结构独自决定了其他三个要素，而是说阶级结构通常以某些方式被看作其他三个要素的"根本性"决定因素，至少对阶级形成、阶级意识和阶级斗争可能出现的范围加以限制。如果说阶级结构必须解释阶级形成和阶级斗争，那么阶级的关系概念就比等级概念显示出更大的优势。当考察存在社会冲突的对立性群体时，对立意味着这些群体处于某种社会关系之中。要说明转变成相互对立的群体的地位，显然以阶级结构为基础的关系的定义，比非关系的定义如等级的定义更有说服力。因为以等级定义的"上层"和"下层"阶级之间并没有必然联系，所以等级区分对解释社会冲突不能提供任何解释作用。如果说某一社会中所谓的上层阶级和下层阶级之间确实存在某种社会关系，那么他们之间的冲突中对立群体的构成可能存在结构性基础。尽管如此，解释这种阶级差别的仍然是社会关系，而非名义上的等级划分。

第二，赖特认为，阶级结构决定了社会历史变革中制度更替的划分

---

① ［美］埃里克·欧林·赖特：《阶级》，刘磊、吕梁山译，北京：高等教育出版社2006年版，第31页。

标准。一方面，阶级结构勾勒出社会变革轨迹的分界线；另一方面，阶级斗争是阶级结构从一种形式向另一种形式转变的驱动力。这两方面密切相关，如果历史道路的变革取决于阶级结构，那么历史的动力就是阶级斗争。赖特认为这是马克思主义阶级概念的一个基本理论约束。而只有关系的阶级定义才能满足这一约束。以等级框架下的社会类型论为例，某些社会可能存在庞大的中间阶级，另一些社会可能是金字塔形结构，还有一些社会可能是沙漏型结构。对于某些社会学分析而言，这种划分可能有所助益。然而对于社会历史道路的变迁而言，等级的阶级定义不能确定社会变迁的分界线，只有关系的阶级定义才能满足社会历史划分的基础。

第三，关系的概念能够解释阶级间不平等的本质特征。收入不平等通常是阶级的关系定义的核心要素，而这一要素可以通过生产关系得到解释。与根据收入分配的结果划分阶级的方法相比，根据社会关系来定义阶级，与基本的社会结构更相吻合。

其次，这种关系是对抗性的，即"定义了阶级的社会关系本质上是对抗性的而非对称性的"[①]。赖特指出，马克思主义理论中的阶级不仅仅是社会关系中的位置，而且是矛盾的社会关系中的位置。对抗性，是指通过这种社会关系定义的阶级，其阶级间的利益是根本对立的，一个阶级的利益的实现，必然要同另一个阶级进行斗争。阶级斗争不是简单的两个对立阶级间的争斗，而是对这种阶级关系的斗争。这也意味着阶级结构自身不断地被由它们所决定的阶级斗争改变着。正因如此，分析阶级结构时必须历史地看，这不是说要回到阶级关系的初始状态，而是指阶级地位必须被当作不断地形成"空位置"的阶级斗争进程中的一部分。正是阶级结构和阶级斗争之间的这种辩证关系，揭示了阶级结构自

---

① ［美］埃里克·欧林·赖特：《阶级》，刘磊、吕梁山译，北京：高等教育出版社2006年版，第39页。

身的基本逻辑。这种辩证的逻辑也折射出阶级关系对抗的本质。

再次，这种对抗性来源于剥削。剥削是确定阶级对立的核心要素。剥削不是指简单的贫富差距，说地主剥削农民，不是指地主富裕而农民贫困，而是指地主的富裕和农民的贫困之间存在着一定的因果关系。"剥削关系必然意味着，要么一些人必须更多地劳动从而另一些人可以较少地劳动，要么他们在既定的劳动数量下必须更少地消费从而其他人能够消费的更多，要么两种情况同时存在。"① 若反向思考，在不受剥削的情况下，人们能劳动较少而消费较多，那么不受剥削就是一种普遍的客观利益，而正是由于剥削产生的利益是客观的，才表明阶级间的对抗是内在的、根本的，不是偶然的。赖特早期用剩余价值理论解释剥削，后来则放弃了劳动价值论，受罗默的影响而重新定义了剥削，这在下文中将详细论述。

最后，剥削的基础植根于生产关系之中。如前文所说，决定阶级对立的社会关系位于社会生产组织自身之中。所谓生产关系，通俗地讲，任何社会都需要对社会资源或生产要素进行配置，进行配置的方式用技术性术语来描述就是生产函数，即在某个具体的生产过程中，投入和产出之间的关系。这种配置方式用社会关系的术语来描述，就是生产者在生产资源配置和劳动成果占有上所拥有的权力（利）。这些权力（利）的总和就构成了"社会生产关系"。对资源所拥有的权力（利）不是简单地界定人与物之间的关系，而是社会关系的体现。譬如，某人拥有一片土地，界定的并非他和土地之间的关系，而是这个人与其他人在土地使用和成果占有方面的关系。剥削正是发生在这种关系之中，这是几乎所有马克思主义者都认同的事实。

可以说，赖特对阶级概念的第二次考察有实质性进展，因为他抓住

---

① ［美］埃里克·欧林·赖特：《阶级》，刘磊、吕梁山译，北京：高等教育出版社2006年版，第39页。

了阶级分析的核心概念——剥削。从此他确立了以剥削为核心的阶级分析思路。不过，赖特对剥削理论的发展也有颇多争议，本书第二章将详细阐述。而且，赖特对阶级概念的两次考察都有一个明显的缺陷，即没有意识到对生产资料的占有关系在阶级形成过程中的重要性。两次考察中，赖特都突出了生产关系的重要性，然而在生产关系中考察阶级可以有不同的侧重点，例如列宁直接指出"同生产资料的关系（这种关系大部分是在法律上明文规定了的）不同"，罗默在划分阶级过程中强调生产关系中财产关系的重要性，赖特本人则主张利用生产过程中的各种控制关系去划分阶级。他把侧重点放到了"生产过程中的各种控制关系"，一是生产过程之"中"，二是各种关系之间的组合与博弈。而我们认为，生产资料的占有对于阶级的形成非常重要。事实上，他在接受并修改罗默的剥削理论之后，在阶级划分的过程中便把初始资源置于阶级划分依据的首位，而他对阶级概念的第二次探讨是在接受了罗默的剥削理论之后发生的。

（三）"拥有决定得到"：韦伯主义的烙印

随着赖特理论研究的发展，韦伯主义对他的影响越来越深。在2005年出版的《阶级分析方法》（赖特主编）一书中，赖特在分析阶级的"元理论"时指出，阶级不是纸上谈兵的一种抽象理论，而是实实在在地存在于社会生活之中。阶级关系、阶级结构、阶级位置等多种阶级相关因素，都对个人生活和社会制度变化有系统性的影响。他有一本著作《阶级说了算》（*Class Counts：Comparative Studies in Class Analysis*）（国内译为《后工业社会中的阶级：阶级分析的比较研究》），他把这当作阶级分析的一个口号。从微观上讲，一个人是否可以自由出卖自己的劳动力，是否可以在劳动过程中指挥别人做什么，是否拥有大量的资本等，这对他们的生活有切实的利益影响。从宏观上讲，关于生产资料，无论是高度集中于某些少数人手中，还是由公共部门统一分配，对生产资料的使用和分配的权利与权力都会对制度产生重大的影响。之所以说"阶级说了算",正因为对基本生产资料的分配权利和权力,对微观和宏观的社会生活都会产生系统性影响。基于此,赖特提出两个简单的命题:

"命题 1. 你所拥有的决定了你所能得到的。

命题 2. 为了得到你所能得到的,你所拥有的决定了你不得不去做什么。"①

第一个命题涉及收入分配,人们对生产资料的占有权系统而深远地决定了他们的生活水平,因此说,"你所拥有的决定了你所能得到的"。第二个命题指的是经济活动的分配。传统马克思主义的阶级理论认为,对生产资料的所有权,是人们为了获取收入而采取何种策略和行动的重要决定因素。无论是体力劳动者、资本家,还是为了维持小本经营而难以偿还银行贷款的人,都需要采取各自相应的策略,而他们的策略和行动最重要的决定因素在于"所拥有的",这又从经济活动角度出发阐释了生产资料占有权的重要性。这两个命题弥补了赖特在阶级概念发展的第二个阶段中对"占有"的忽视,强调了生产资料所有权的决定性意义,这才是阶级最原始的本质特征。

然而,必须看到,赖特所提出的这两个命题,有着深深的韦伯主义烙印。韦伯认为,"在我们的术语中,'阶级'不是共同体:它们仅仅代表可能的、常见的共同体行动的基础。我们谈到一个'阶级'时,意思是指(1)许多人,他们的生存机遇中共有一种特定的因果成分,(2)这种成分仅仅体现为占用货物或收入机会时的经济利益,就此而言,(3)它是在商品市场或劳动力市场条件下得到体现的"②。"但是,阶级概念的真正含义始终就在于:市场机遇的性质是个决定性的因素,它构成了个人命运

---

① 〔美〕埃里克·欧林·赖特主编:《阶级分析方法》,马磊、吴菲译,上海:复旦大学出版社 2011 年版,第 23 页。

② 〔德〕马克斯·韦伯:《马克斯·韦伯社会学文集》,阎克文译,北京:人民出版社 2010 年版,第 175 页。

的公共条件。从这个意义上说，阶级状况最终就是市场状况。"① "你所拥有的决定了你所能得到的"是典型的韦伯主义所强调的市场中"生活机会"的腔调。赖特则认为，这是马克思主义和韦伯主义的异曲同工之妙。

（四）赖特阶级概念的独特性

与传统马克思主义阶级理论相比，赖特的阶级概念突出强调阶级结构中不同阶级之间的相对"关系性"；与当代其他分析马克思主义者的理论相比，罗默的阶级理论对赖特产生了很大影响，而埃尔斯特对阶级的定义与赖特的阶级理论在不经意间产生了共鸣。

赖特对阶级概念的理解有一个突出的特征，就是阶级的"关系性"非常重要。如前文所说，"各个阶级总是在社会关系中，尤其是在与其他阶级的关系中被界定"。在传统马克思主义理论中，阶级往往是个"实质性"范畴。例如，恩格斯曾这样划分阶级："资产阶级是指占有社会生产资料并使用雇佣劳动的现代资本家，无产阶级是指没有自己的生产资料，因而不得不依靠出卖劳动力来维持生活的现代雇佣工人。"② 显然，对生产资料的占有是划分阶级的首要标准，其次是雇佣要素。列宁对阶级的定义常被引为经典，在他的定义中，阶级也被当作一个实体性范畴，是一种社会集团。

经典马克思主义者把阶级当作一种实体性概念，并不是否定阶级的关系性，只是这种关系性显然是居于次要地位的。而在赖特的理论中，生产资料所有权是一种剥削维度，是划分阶级的一种标准，也在阶级概念中占有重要地位。但是，赖特特别突出强调阶级的关系性，乃至这种关系的重要性不亚于生产资料所有权这一实质性要素在阶级概念中的地

---

① ［德］马克斯·韦伯：《马克斯·韦伯社会学文集》，阎克文译，北京：人民出版社2010 年版，第 176 页。

② ［德］马克思、恩格斯：《共产党宣言》，中共中央马克思恩格斯列宁斯大林著作编译局译，北京：人民出版社1997 年版，第 27 页，脚注。

位。赖特依据多种剥削维度，划分了当代资本主义社会阶级结构的基本框架，但是，这只是一张相对关系位置图，甚至图中的具体位置名称与数量都不是一成不变的。可以说，在赖特的阶级理论中，阶级概念始终有两条线索，他通常更强调阶级的"关系性"线索，但是阶级的实体性线索在理论建构中也是重要的（可见第二章赖特对三种剥削维度的探讨）。然而，赖特对阶级关系性的强调也弱化了对阶级实体性的理解。

这一特征与布迪厄对阶级的理解有些相似，布迪厄主张用关系主义取代本质主义，他说："诸社会阶级并不存在，存在的只是社会空间，即诸多差异的空间，诸阶级以某种可能态的方式存在于其中，它们并非某种给定之物，而是有待变成的事物"①。然而，二者所指有所不同，布迪厄强调社会中多种复合因素形成了复杂多变的阶级结构和阶级关系，他立足于文化视域，探讨了阶级习惯与人们消费品味之间的关系。而赖特的关系性是指阶级关系内部，不同阶级之间的关系是相对的。赖特还曾特别强调，"阶级"一词，既可以用作名词，又可以用作形容词，在分析阶级问题时，把"阶级"当作形容词用更有意义。因为在讨论阶级关系、阶级结构、阶级位置和阶级斗争等问题时，"阶级"都是被当作形容词使用的。如果仅仅把"阶级"当作名词使用，就忽略掉了其中的很多内涵，此间也能体现出他强调阶级的关系性内涵。

当代其他分析马克思主义者对阶级概念也都有各自新的解读，虽然他们都是分析马克思主义者，但是他们对阶级概念的理解却相距甚远。例如科亨定义了"阶级的结构定义"；伍德则从否定维度出发，指出马克思拒绝了两种类型的阶级定义方法，一是依据富与贫、有产与无产定义，二是依据收入来源定义；罗默探讨了初始资源不平等对阶级形成的影响；埃尔斯特则从"资产—行为"角度定义了阶级，等等。其中罗默

---

① 糜海波：《马克思阶级概念的当代演变》，北京：中国社会科学出版社2012年版，第185页。

对阶级的理解对赖特产生了一定的影响，而埃尔斯特的阶级定义与后文赖特的多种剥削维度又有很多相似之处。

罗默的阶级理论是他剥削理论的一部分，他从技术角度和道德角度分别对剥削进行论证。从技术角度出发，罗默通过经济学模型论证得出，初始财产占有的数量决定了财产所有者的最终阶级状况。虽然个人的理性选择也在其中起到重要的作用，但是在生产资料分配不均衡的情况下，拥有财富数量多的人，最终自然会成为剥削阶级，而拥有财富数量少的人，最终会沦为被剥削阶级。受到罗默初始资源占有理论的影响，赖特在讨论当代资本主义社会的剥削理论时，也延续了这一思想，把生产资料、技术资产和组织资产三种要素当作剥削的初始资源。

而埃尔斯特对阶级的定义与赖特的阶级理论有许多不谋而合之处。在对定义阶级的几种方式做出批判式分析之后，埃尔斯特这样定义阶级："一个阶级就是这样一群人，他们借助其占有的东西被迫从事同样的活动，如果他们想要最大限度地利用其资产的话"，而"资产包括有形的财产、无形的技能和更精致的文化特质。行为包括和不劳动相对的、和购买劳动力相对的出卖劳动力、和贷入资本相对的借出资本、和租用土地相对的出租土地、和管理公司财产中的接受指令相对的发出指令，等等"。① 埃尔斯特认为这一概念非常全面，既适用于前资本主义社会的阶级分析，也适用于当下。他的阶级概念有两点值得指出：一是揭示出人们在活动中的"被迫"性，这是阶级的固有特征，赖特在后文分析阶级位置决定该位置上的人的特征时，实际上和埃尔斯特的这种被迫有异曲同工之妙；二是在埃尔斯特的定义中，构成阶级差别的"资产"包括甚广，他的这种全面性是存在争议的，因为在全面的同时他忽视了其中的重点，而埃尔斯特的多种资产，与后文赖特阶级剥削的多种维度

———————

① ［美］乔恩·埃尔斯特：《理解马克思》，何怀远等译，北京：中国人民大学出版社2008 年版，第 313 页。

又有相似之处。

总之，赖特对阶级概念的理解有个逐渐深入的过程，他在不断的理论探索中逐渐剔除一些谬误，确立自己认为正确的理论。赖特意图在马克思主义理论框架内重建阶级理论，然而，在具体的理论构建过程中，赖特的理论却有了很多独特的建构性。与他对阶级概念的理解趋于同步（不完全同步）进行的是，他在阶级理论研究中内在逻辑和理论立场的转变。

第二节　阶级分析的内在逻辑
和理论立场的转变

赖特从 20 世纪 70 年代中期开始研究阶级问题，直至 2019 年 1 月去世。在此期间，他曾数度调整其阶级分析的内在逻辑和理论立场。本书把赖特的研究逻辑大致分为三个阶段。第一阶段，从研究之初到 70 年代末。这一时期赖特认为马克思主义理论与实证主义社会科学是根本对立的两种思维范式。为了回应实证主义者的批判，他努力建构一种经验研究去推进马克思主义理论的发展，这种研究方式一直被他延续下来。这一阶段赖特主要从支配关系角度探讨阶级问题。第二阶段，从 80 年代初到 2009 年。赖特意识到剥削才是阶级研究中的核心问题，并以此展开他的总体阶级分析理论，取得了显著的成就。他的大部分阶级研究理论都是在这一阶段阐发的。然而，他自认为坚持以马克思主义阶级分析方法为逻辑基础，却接受并修改了罗默的剥削理论，而弃用劳动价值论。同时，韦伯主义思想对他的影响逐渐加深。第三阶段，2009 年之后的大概六七年。赖特的思想发生了更大的变化，尽管他没有完全脱离马克思主义传统，却也不再强调马克思主义范式和"资产阶级"主流阶级分析方法之间存在认识论前提和方法论上的根本对立。他主张建构一个综合性的阶级分析框架，这一方案综合了多种阶级分析传统。在他生命的最后几年中，赖特将主要精力投入到深化民主与"展望真实的乌托邦"的社会变革项目之中。

一、马克思主义范式与实证主义社会科学的对立

在早期，赖特自诩为坚定而激进的马克思主义者。他认为，马克思主义范式同实证主义社会科学在认识论和方法论上都是根本对立的。为了捍卫马克思主义理论传统，他同当时批评马克思主义的经验主义、实证主义认识论传统进行论战。实证主义者通常会说：证实你的理论！而历史的和辩证的解释和可预测的、线性的解释是两回事，这促使赖特对马克思主义理论进行反思。为了回击反对者，他决定进行一种经验研究，这样即使面对最顽固的对手，也能证实自己的主张。而此前一些马克思主义经验研究仅仅使用马克思主义范式，而非马克思主义理论。赖特试图发展一种经验研究理论，不仅仅植根于马克思主义范式，而且从逻辑上说，也植根于马克思主义理论。

赖特认为，马克思主义理论的一个重要认识论前提是，"表象"和产生这些表象的社会事实之间的差别。这并不意味着，"表象"是纯粹短暂的、微不足道的神秘事物。相反，日常生活中的直接社会经验极其重要。即使一种饥饿是由不能直观的社会动力产生的，但是从"表象"上看，人们仍然正在忍饥挨饿。指出表象和潜在事实之间差别的着眼点不是拒绝表象，而是给它们提供一个能够解释的基础。此处的中心论点是：只有我们分析出隐藏在表象背后的社会现实，才能够解释社会生活中浩瀚的、可直观的经验现象。如果我们完全停留在表象层面，我们可能能够描述社会现象，甚至预测那些现象，但是我们不能解释它们。

马克思主义者通常强调社会关系基本结构的重要性，那些结构存在着内在矛盾，正是那些基本结构产生了日常生活中的表象。马克思关于资本的剩余价值的讨论无疑是这种分析的一个经典案例，即资本主义市场的等价交换关系（商品关系）中隐藏着生产过程中实际存在的剥削关系。人们

能够很容易地通过调查市场运行的特性而预测交换关系（新古典主义经济的方案之一），但是为了解释它们，探索隐藏在生产关系中的动力因素是必要的。对解释需要破译的隐藏矛盾做出认识论上的论断是一回事；发展出一套能够系统地把这种深层结构过程和经验可观察到的现象联系起来的研究策略，是另一回事。通常马克思主义关于从具体到抽象、再返回具体的方法在此不是很有用。问题在于，如何从具体到抽象，又如何返回。

在缺乏把马克思主义的理论抽象和具体研究系统地连接起来的策略时，容易产生两个问题。一方面，同实证研究相比，马克思主义（对变化而言）常常倾向于意识形态化和不变。在马克思主义研究中，最常见的印象是：所有答案都是预先给定的，先于研究就知道了。另一方面，马克思主义研究通常是纯描述性的，对马克思主义理论的发展只做出一点点推进。历史运动可以用马克思主义范式描述得很丰满，但是那些描述很难转化成理论。

为了解决马克思主义理论与现实研究之间存在巨大鸿沟的难题，赖特认为应该完成两项基本任务。第一，以一种容易理解的方式构建马克思主义理论。这看似没什么价值，但是很多马克思主义理论著作晦涩难懂，使之很难作为实证研究的基础。尤其是，把马克思主义理论中的假设或前提与命题区分开很重要，假设或前提并不是历史考察中转变的主体，而命题则是；把概念的定义和关于那些概念的命题进行区分也很重要。第二，要发展一种更加系统的方法，用以理解马克思主义理论的结构范畴和实证研究中的表象之间的因果关系。也就是说，历史的考察在表象层面收集数据：事件、人物关系、显著的经济变量、制度安排、人口分布，等等。在某种意义上，这些现象构成了结构关系的"结果"。问题在于更加系统地定义这些"结果"意味着什么。如果实证研究直接与理论逻辑自身相联系，那么更加缜密地理解隐藏在理论中的因果逻辑就是必要的。显然，赖特的这一解决方案有鲜明的阿尔都塞特征。事实上，赖特早期对普兰查斯的理论很感兴趣，而后者受阿尔都塞的多元决定论影响较大。这是赖特在早期阶级研究中的逻辑起点和理论目标。同时也开启了一种新的研究模式——理论预设和实验验证相结合的方法。这一方法一直贯穿在赖特的阶级理论研究中，直到他去世。

在具体问题研究中，赖特以"支配"（Domination）关系为中心去划分阶级。所谓支配，是指在一种社会关系中，个人的活动受到他人的命令或控制。这一理念在具体理论中被赖特阐发为对"所有权"和两种"占有"关系的控制。（早期的赖特也赞同劳动价值论，然而到了后来，他拒绝将劳动价值论作为阶级分析的充分科学依据。）

后来他对以支配关系为基础的理论研究进行反复推敲，发现对"矛盾的阶级位置"的定位有很多不妥之处。而且从理论上说，以支配关系为中心分析阶级问题有两大弊端。第一，对阶级位置与经济利益的关系相对忽视，这必然无法正确把握阶级问题的核心。第二，支配关系中心论，会推导出社会问题的多种压迫论，例如经济支配、种族支配、民族支配等，无主次优劣之分，那么，阶级只是其中的一种，对社会和历史分析不再有特别的意义。

二、在马克思主义和韦伯主义阶级分析传统之间

第二阶段指的是从 20 世纪 80 年代到 2009 年，这一阶段结束的标志性事件是 2009 年赖特某篇文章[①]的发表。这一阶段是赖特阶级理论的大发展时期，他的大多数阶级相关研究都产生于这一时期。此时的赖特抓住了阶级问题的核心——剥削。他在某种意义上部分承继了马克思主义传统，把剥削与阶级紧密联系在一起。然而，此间他拒绝用劳动价值论阐述剥削问题，而是接受了罗默的一般剥削理论，并加以改造，在此基础上提出了他独特的阶级理论。在阶级问题的研究过程中，韦伯主义思

---

① Wright E O, "Understanding Class: Towards an Integrated Analytical Approach", *New Left Review*, No. 60, Nov-Dec 2009, pp. 101 - 116.

想对赖特的影响逐渐加深，而且赖特认为韦伯主义理论中带有剥削的烙印。在马克思主义和韦伯主义的阶级理论间进行区分，也是这个时期一直在困扰着赖特的一个问题，这都体现在他的作品中。

在字面上，赖特仍声称坚持马克思主义传统，然而在他的理论逻辑之中，韦伯主义的幽灵已悄然迫近。在赖特看来，当前流行的阶级分析方法从广义上讲有三种思路：简单分层的阶级观点、马克思主义阶级分析传统和韦伯主义阶级分析传统。所谓简单分层的阶级观点，即前文等级派阶级观点中根据收入的不平等识别阶级身份。而后两种思路都从社会关系出发，社会关系决定了人们能否获得经济资源。它们的相近之处是：首先，二者都用"阶级"来解释人与经济资源之间的关系，只是处理方式不同，一者称之为生产资料，另者称之为市场能力。赖特认为这是两种极其相似的经验现象。其次，二者都认为阶级间的因果关系通过影响人们的物质利益而起作用。"在他们的核心思想上，两个阶级都包含着（1）相对资源的社会关系和（2）物质利益之间通过（3）资源影响取得收入策略的方式形成的因果联系。"①通俗地说，马克思主义和韦伯主义两种传统这样解释阶级，即社会关系和物质利益之间通过某种方式形成因果关系，这种方式是在资源对人们获取收入的行动策略的影响中形成的。生产资料和劳动力的所有权解释了人们的社会行动，因为财产权影响了人们在追求物质利益时面临的战略性选择。

不同的是，"剥削"是马克思主义阶级分析中的核心词汇，而"生活机会"则在韦伯主义阶级分析中扮演了主要角色。在韦伯主义者看来，"人们与不同经济资源的联系中的一个突出问题是这种联系赋予他们不同的经济机会和劣势并因而决定着他们物质利益的方式"②。生产资

---

① ［美］埃里克·欧林·赖特：《后工业社会中的阶级：阶级分析的比较研究》，陈心想、皮小林、杨玉明等译，沈阳：辽宁教育出版社2004年版，第31页。
② ［美］埃里克·欧林·赖特：《后工业社会中的阶级：阶级分析的比较研究》，陈心想、皮小林、杨玉明等译，沈阳：辽宁教育出版社2004年版，第31页。

料所有权之所以重要，是因为它导致了人们在市场中生活机会的差异。韦伯主义者之所以更强调市场，是因为它直接影响着生活机会。而对于马克思主义者而言，人们与经济资源的关系的核心特征是剥削，"剥削"与"生活机会"都表征了由于所获初始资源的不平等而导致的最终物质财富的不平等，都指出了资产分配的利益冲突。而除此之外，剥削还有进一步指向，即断言阶级间的利益冲突不只是由人们所拥有的东西导致的，而且是由人们用他们所拥有的东西所做的事导致的。所以，剥削这一概念，直指生产内部的冲突，而不仅仅是市场上的冲突。为了厘清思路，赖特对三种阶级分析传统进行了详细的对比，见图1.1。

I.简单的等级式阶级分析

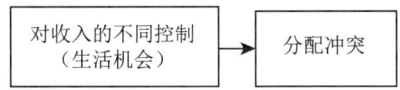

II.韦伯主义的阶级分析

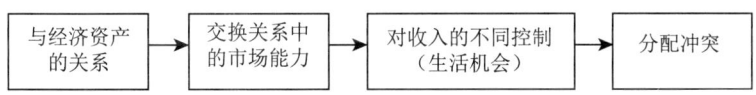

III.马克思主义的阶级分析

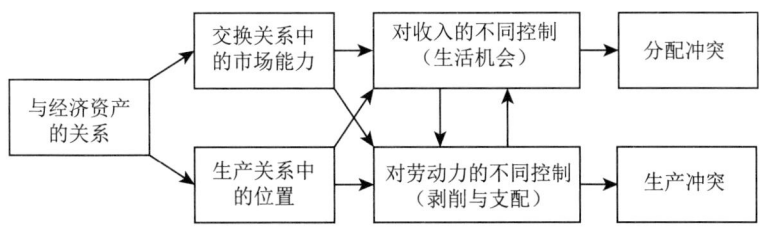

图 1.1 阶级分析的三种模型

图 1.1 清晰可见，韦伯主义阶级分析模型是围绕着市场交换而形成的因果路径，马克思主义阶级分析模型则包含两条并列的因果路径——一条通过市场交换而形成，另一条在生产过程中产生。马克思主义的阶级分析模型包含了韦伯主义的因果过程，并在此基础上加入了生产本身的因果结构以及对生产和交换相互作用的阐释。

以赖特本人所设计的这一模型来看，韦伯主义理论思路是嵌套在马克思主义阶级分析模型之中的。马克思主义的阶级分析模型包含了生产关系和交换关系两个方面，而韦伯主义阶级分析显然缺少了对生产关系这一重要环节的关注。尽管如此，赖特却认为，对于某些问题而言，两种阶级分析思路在实践层面差异甚微。例如在微观层面，两种理论在看待阶级对个人生活的冲击时差别很小。人们在解释阶级位置对个人生活的影响时，使用马克思主义的阶级图式和韦伯主义的阶级位置概念，都是差不多的。因为二者都认为，个人和能够带来收入的资产（特别是资本和技术）的社会关系，是界定阶级位置的关键。

一位新韦伯主义者弗兰克·帕金曾以嘲讽的语气说："在每一个新马克思主义者那里似乎都有一个呼之欲出的韦伯主义者。"[①] 对此赖特则认为，对于一些特定的阶级问题来说，韦伯主义者可以把剥削和支配纳入其阶级分析的框架，因为韦伯主义以市场为基础的生活机会理念对任何加入的因果路径都是完全开放的。然而，这种加入本身就意味着韦伯主义的模型已经马克思主义化了。所以，也可以这样说："在每一个左翼新韦伯主义者的心中，都有一个马克思主义的幽灵驻足停留"[②]。如果单单以赖特对弗兰克·帕金这句话的态度而言，他的内心是有个渐变的过程的，赖特由对这句话的反感与不满逐渐到接受了这句话，并发表互

---

① ［美］埃里克·欧林·赖特：《后工业社会中的阶级：阶级分析的比较研究》，陈心想、皮小林、杨玉明等译，沈阳：辽宁教育出版社 2004 年版，第 34—35 页。

② Wright E O, *Approaches to Class Analysis*, Cambridge：Cambridge University Press，2005，p. 27.

补性的言论。事实上，这是赖特内心在两种主义之间挣扎的表现，他试图调和二者之间的差异，而衍生出一个能把马克思主义阶级模型和韦伯主义阶级模型调和在一起的阶级分析框架。

在这一理论发展阶段，赖特似乎认为马克思主义有更坚定的信念和更宽阔的视野，而韦伯主义却在细微的分析中有迷人之处。所以，在赖特的大多数著作中，行文中都以坚定的马克思主义立场而著称，尽管他内心如此挣扎，却依然在历数马克思主义阶级分析的理论优势，并且一直在为论证剥削而努力。对于为何选择了剥削而放弃了以市场为基础的生活机会，赖特认为：第一，以剥削为中心的阶级概念联系了交换与生产，后二者之间存在着本质上的关联，而不是偶然的。第二，马克思主义不仅仅强调了阶级冲突的重要性，更关键的是，它把冲突理解为是由阶级关系的本质特征决定的，而非依情况而定的。第三，在马克思主义的阶级分析中，被剥削者因对自己的劳动付出有所保留，而在某种意义上拥有抵制剥削的能力。第四，鉴于第三条，剥削者不得不采取积极措施，诱导被剥削者同意剥削，因而剥削制度是一种在强迫（Coercion）与允许（Consent）之间寻求相对平衡的动态机制。第五，历史地看，阶级分析是马克思主义社会变迁理论中的一部分，以剥削为中心的阶级概念为历史比较分析提供了丰富的材料。而且，最重要的是，马克思主义阶级概念，植根于生产关系和剥削与支配的联系当中，这就直接使阶级分析带有了道德评判的意味。在这种以剥削为核心的阶级分析的大背景中，赖特的理论构想、模型设计和行文中，到处都洋溢着浓重的韦伯主义色彩。甚至到了近十几年，赖特认为韦伯主义的阶级概念中也渗透着剥削的影子。

三、一种综合性的逻辑分析框架

在第一阶段和第二阶段的阶级分析中，赖特力证马克思主义阶级理论优越于其他的阶级分析方法。即使在第二阶段中，韦伯主义对他的影响逐步加深，赖特依然努力站在马克思主义阵地上。然而 2009 年之后，赖特的思想发生了很大的转变。他认为，在解释资本主义社会的诸多不平等时，不同的阶级分析方法诉诸不同的因果过程，这些解释对于理解阶级问题均有助益。虽然马克思主义传统深刻而系统地揭示了很多社会历史规律，但这并不意味着它具有排他性的真理解释模式。在解释现实阶级问题的实践中，该打破"范式之争"而寻求一条"实用主义"的现实之路。基于此，赖特试图吸取不同阶级分析方法的有益之处，建构一个综合性的阶级分析框架。

在建构综合性框架的过程中，赖特主要探讨了三大类阶级分析思路。首先是社会分层的研究方法，从个体特质与物质条件方面来界定阶级。其次是韦伯主义阶级分析思路，关注市场机会的垄断机制。最后是马克思主义阶级分析方法，即依据剥削和支配机制来划分阶级。在依次分析三类方法的优缺点之后，赖特得出结论：上述三种研究机制无疑是互斥的，要想使三者形成一个圆融的体系，就要把每一种机制分别视为阶级分析过程中某方面的关键过程。赖特综合分析了三种机制各自的阶级模型，结合理论特征和实践需求，形成了一个复杂的宏观、微观嵌套的综合性阶级分析模型。

1. 个人特质路径

在人们的潜意识中，划分阶级最直观的依据就是个体特质和物质条件。个体特质包括先天的性别、民族、种族等，也包括后天的受教育程度、习得技能等。这些特质对人们在社会生活中的很多行为具有重要的解释意义。社会分层理论通常通过人们的物质条件划分阶级，认为阶级描绘了不同的经济特征，这些特征影响个人在社会中的各种机遇与选择，最终决定了个人的物质生活条件。而研究阶级问题要把物质生活条件与个体特质结合起来。

在这种方法中，最重要的个人特质是教育，也有一些学者将其扩展到文化资本、社交网络等。这些特质和生活条件粗略地结合时，就形成了所谓的"阶级"。在当代资本主义社会，如"中产阶级"指受到高等教育、有足够的金钱、过着被模糊界定的"主流生活"的一群人。"上层阶级"指其财富收入和社会关系远远超出普通人的视线的一群人。"下层阶级"指没有受到过高等教育、没有较好收入来源、生活在贫困线上的一群人。当然，可能还有其他大同小异的各层阶级划分方式。

在这种分析路径中，研究者主要关注的是个人如何获得其所属阶级的特质。对于当代资本主义社会的大多数人而言，获得经济地位的主要途径是工作收入。那么分析的重点就变成个人获得教育的过程，因为这直接与其在就业中的竞争力相关。显然，童年的生活环境对获取文化和教育资源有很大的影响，这也就是所谓的"阶级背景"。通过逆推，这一分析路径的大致阶级流程已有轮廓，图1.2是阶级分析的个人属性路径的基本因果逻辑过程。

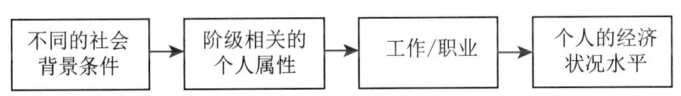

图1.2　阶级分析的个人属性路径

这个逻辑过程看起来颇有道理，所受教育、技能和动机确实对个人发展的经济前景至关重要。不过，这种路径忽略了一个更重要的问题，个人属性影响工作前景没有错，但是为什么一些工作比另一些工作"好"呢？为什么有些职位能有很大的权力，而另一些没有？这一路径对个体如何归类到其所属阶级地位进行了思考，却没有思考阶级地位本身为何如此不同。

2. 机会阻隔路径

这一路径是赖特对韦伯主义阶级分析方法的再思考。赖特强调，在韦伯主义阶级分析路径中，核心的因素是"机会阻隔"。就像在第一种路径中，教育、技能和动机等因素非常重要一样，在这一路径中，"机会阻隔"是关键词。在市场中，人们争夺的不仅是生活机会，而且要设法阻拦其他人对其机会的觊觎，对个人拥有这种"机会"予以保障，而将他人"阻隔"在机会之外。这也是社会圈层化的一个过程，在这个过程中，机会的获取通常会受到限制。这一路径的分析逻辑如图 1.3，排斥和阻隔的机制被嵌入其中。

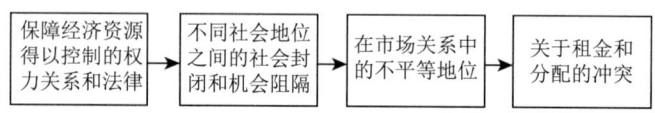

图 1.3　阶级分析的机会阻隔路径

在此，仍以高等教育为例。高等教育带来了高收入，部分原因在于它提高了生产力、创造了更高的价值，部分原因在于受高等教育的人数是有限的。前者把高等教育当作一种人力资本投资，后者则把高等教育理解为一种社会封闭机制。前者可以理解为个人属性路径的思维方式，后者就是机会阻隔路径所要阐述的内容。依照后一种思路，资格审查、录取程序、高额学费等都阻挡了人们接受高等教育的机会，学历又会有效限制部分人获得某种工作的可能性。那么，高等教育与高收入之间的因果关系到底如何？如果其因果过程只源于个人属性，在此高等教育可以当作一种人力资本投资，那么提高人力资本较低者的受教育程度，不会对拥有较高教育水平者产生不利影响。如果其因果过程是社会排斥机制，那么劣势群体环境的改善将影响优势群体的利益。事实是，如果普遍提高低学历者的教育水平，那么高学历者的教育价值就会降低。个人属性路径的主张者必然不同意这一论断。机会阻隔路径的主张者可以举例证明其观点：如果美国边界放开，允许世界上所有医生、工程师和高端 IT 人才等去美国就业，那么美国本土同业人员的收入必然会受到影响，他们自身的知识和技能不会减弱，但是获利会减少，这就证明高等教育的价值在某种意义上取决于其稀缺性。同理，别国的高端人才不能随意去美国就业，其阻隔机制是"公民权"。

在资本主义社会中，机会阻隔的关键机制是生产资料的私人财产权，还有一些诸如资格审查、从业许可、性别等附属机制设置了准入门槛。从韦伯主义的观点看，这可以说是产权法形成的某种机会阻隔。这一思路通常把资本主义社会划分为三种阶级：占有生产资料的资本家；受过良好教育、具有较强技能傍身的中产阶级；被阻隔在优势之外的工人阶级。

关于上述两种阶级分析路径，在个人属性路径中，贫富皆源于个体特质，而富人和穷人之间不存在任何因果关联。如贫者通过努力改变其某些属性而提高收入，不会伤害富者利益。在机会阻隔路径中，存在机会的优势与劣势处境，劣势者被排除在优势资源之外，二者之间是存在因果关联的。富者之所以富，部分是因为贫者为贫，富者为保住其优势地位而限制贫者富裕起来。若消除机会阻隔使贫者消除贫困，则富者利益受损。

3. 剥削与支配路径

剥削与支配路径显然是马克思主义阶级分析传统的议题，关于"剥削"与"支配"，在赖特思想发展的第二阶段已有简单论述。与前一种路径中优势群体因简单的社会封闭和阻隔而获利不同，在剥削与支配的阶级分析体系中，剥削/支配性群体为了自身收益还能够控制另一个群体的劳动。与机会阻隔相较而言，剥削与支配是一种更强的依附关系。在机会阻隔路径中，优势群体与劣势群体之间仅存在动态相斥的因果关联；而在剥削与支配路径中，剥削者与被剥削者、支配者与被支配者之间是一种结构化的不平等关系，这种关系要求双方在行为上存在持续主动的合作。

赖特重新绘制了剥削和支配思路下的阶级分析模型，如图1.4所示。这一过程与第二种思路的相同之处是，权力和法律体系强化了圈层障碍。不同的是，此处机会阻隔的关键效应是支配和剥削，而不只是市场中的优势利益，并且生产冲突才是真正的冲突之源。

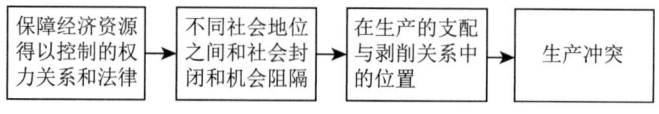

图1.4　阶级分析的剥削与支配路径

在这种研究思路中，资本主义社会的核心阶级为资本家和工人。资本家利用其生产资料所有权，雇佣并剥削工人。而不完全属于这两个阶级的人，则根据其与二者的关系而鉴别其阶级属性。例如公司中的高层管理者，不具有生产资料，但是能够支配工人，虽然他们要听从资本家的命令，但是也更接近资本家。

如果对上述三种阶级分析路径进行对比分析，个人属性路径完全从个体出发，其经济条件和行为均对个人负责，不能反映社会关系。后两种阶级分析路径则从社会关系出发，其中权力和法律体系发挥了重要作用。首先是使机会阻隔得以发生，这在韦伯主义传统路径中体现为经济上的封闭与排斥。在马克思主义传统路径中，除经济上的阻隔外，更重要的是考察行为层面的关系——剥削与支配。

4. 建构一个综合性阶级分析框架

事实上，上述三种分析路径与赖特早期在考察阶级定义时的思路如出一辙，等级派阶级分析与"个人特质路径"相对应，即社会分层的研究路径；定位于市场关系的阶级定义与"机会阻隔路径"相对应，即韦伯主义分析路径；定位于生产关系的阶级定义与"剥削与支配路径"相对应，即马克思主义阶级分析路径。这几种主要的阶级分析思路一直萦绕在赖特的脑中，他一直试图理顺三者的关系，并从中汲取自己认为最合理的阶级分析成分。在早期的阶级分析中，他淘汰了前两种路径；接下来的阶级分析中，韦伯主义路径又在他的思想中燃起了火花，在后两种路径的徘徊中，他选择了马克思主义路径，韦伯主义阶级思想只是暧昧地散落于他的理论之中；而第三阶段的赖特，不再从几种阶级分析路径中选择，而是试图把三者圆融贯通起来，建构起一个综合性的阶级分析框架。

赖特试图建构一个综合性阶级分析框架，并非是在多种分析思路中难以抉择的被迫之举，而是在考察三种分析路径之后，发现每一种路径都阐述了一类独特的关于阶级和不平等的因果过程。第一种思路探究微观个体在社会阶级结构中获得阶级地位的过程；第二种思路探究宏观社会结构与制度对个人市场机会的影响；第三种思路在机会阻隔基础上，提出了人与人之间存在剥削与支配的关系。在资本主义社会中，这三类因果过程都存在。恰恰是这三种机制不同的作用方式，形成了国家之间不同的阶级结构。于是赖特将阶级分析问题看成一个集合，把每一种路径都看作集合中的一个子集，只有将所有子集结合起来，才能形成一个关于阶级分析的完整的框架。那么接下来的任务就是：在理论方面，思考三种机制之间的联系以及如何将它们完美地结合起来；在实证方面，找到研究每种机制以及不同机制之间相互联系的方法。

在上述前提下，赖特构建了一个探索性的宏观—微观嵌套的阶级分析模型，如图 1.5 所示。在这个模型中，权力关系和法律规则保障了经济资源（包括生产资料、资金和人力资本）得以有效控制，从而形成了与社会地位相关的圈层封闭和机会阻隔的社会结构。机会阻隔有三条因果路径：一是个人获得其阶级相关的个人属性，形成微观层次的过程；二是形成市场关系中的定位，即职业和工作，以及随之而来的分配性冲突；三是形成生产关系中结构，尤其是与支配和剥削相关的关系，以及相关领域的冲突。第一条因果路径引导人们流动到市场和生产中的阶级位置上，而个人的阶级属性和阶级地位最终共同影响了他们的经济福利水平。

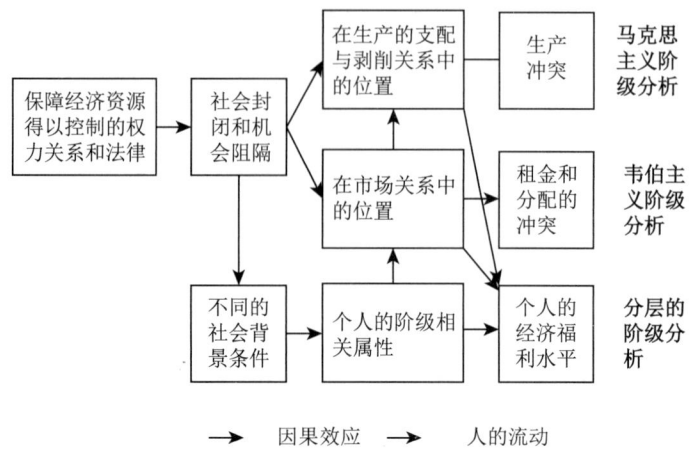

图 1.5　综合性阶级分析：宏观和微观过程

这一模型并不完善，因为权力关系和法律体系作为一种外在结构而存在。事实上，它们本身是在阶级过程和阶级冲突中形成的。社会阶级结构是一个动态体系，如果把支持某种既定的阶级位置结构的内在权力关系视为先在的固定参数，就会引起一个严重的误解，即认为个人命运仅仅简单地是由个人属性和环境决定的。为了完整解释阶级运行的链条，赖特增加了一个高度简化的阶级模型——动态的宏观模型，如图 1.6 所示。动态的

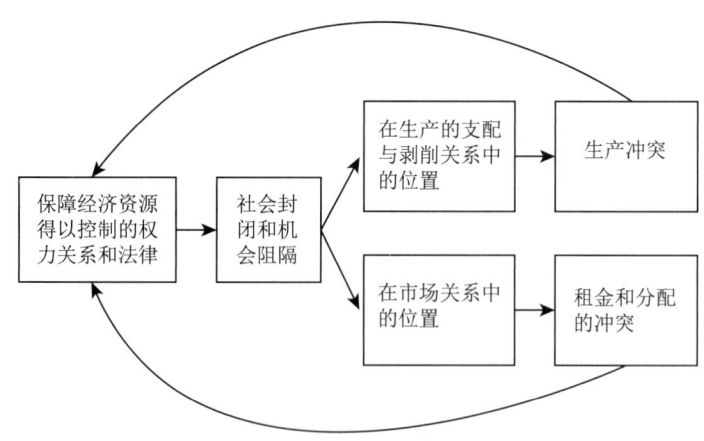

图 1.6　动态的宏观模型

社会阶级运行是一个递归的过程，社会斗争形成了社会关系的变化轨道。动态的宏观模型（图1.6）解释了社会冲突和转变，宏观—微观嵌套模型（图1.5）描述了多层面的阶级过程和个人生活，二者结合起来就是一个完整的阶级分析模式。

四、小结

赖特的阶级分析思路总体说来经历了三个阶段：从自认为对马克思主义理论范式的坚定维护，到逐渐受到韦伯主义阶级分析的影响，最后不再把马克思主义当作一个完整的综合性范式，而只是看作一种解决问题的方法。三种阶级分析思路看似到第三阶段才融合到一起，事实上在赖特的阶级分析过程中，几种阶级的传统分析方法早就都有体现，尤其是韦伯主义阶级分析特点。或许对于赖特而言，坚持某一立场远远没有解决问题的"实用主义"来的重要。阶级分析也难以寻求唯一的真理与终点，只是在理论与现实的演变中不断向前推进。也许此时赖特的立场趋于"多元化"，他本人却不这样认为，依然自诩为一位坚定的马克思主义者。

阶级问题是个复杂的社会问题，前文所述的三种研究方法都与阶级有关。赖特由浅及深地逐步推进，最终将几种思路结合起来，可以说，是对阶级形成过程的一种动态、立体的解释。然而，在具体的阶级问题研究中，每一种思路依据其不同的研究目标而具有独特的理论指向。赖特因为各种理论都与阶级有关就将三者结合起来，这种看似有层次的理论链接，其实质不过是一种理论大杂烩。粗略地说，赖特的综合分析框架存在两个问题：第一，赖特将不同层面的阶级形成路径结合起来，形成了一个平行而相互关联的模型，这种"平行"恰恰是问题所在。对任何问题的研究，都该有主次之分，而对于阶级问题，"剥削"才是核心要素。如果依照赖特的划分方法，三种路径中，剥削与支配的路径才是阶级问题的主线。赖特却将三者平行对待，没有主次之分。第二，赖特的模型只是简单的拼接，缺乏系统的论证。"宏观—微观嵌套模型"乍看起来很完美，然而仔细分析，就会发现不同的理论思路之间缺乏系统的逻辑衔接。例如生产冲突和市场上租金与分配的冲突，二者的关系是需要详细论证的。同样，对于动态的宏观模型，赖特也没有详细阐述和论证其运行模式。

总体说来，在赖特几个阶段的理论研究中，第二阶段的理论立场和逻辑思路更值得称道，所幸的是，他的大部分阶级理论都是在这一时期阐发的。理论发展到第三阶段，赖特已经完全失去了理论立场。事实上，不仅如此，赖特从始至终就存在理论立场不坚定的问题。在理论研究的早期，赖特试图找到阶级研究的立足点，然而不幸的是，他找错了方向。第二阶段，赖特终于认识到剥削才是阶级问题的核心，然而，他还唯唯诺诺地说"剥削与支配"共同形成了阶级关系互动的特征。同时，韦伯主义的生活机会理念始终没有从他的脑海中离开过。

这种理论不坚定是思想不彻底的表现，或许造成这一问题的根本原因与赖特的思维方式有关。作为一位分析马克思主义者，赖特在阶级问题研究中尽显"分析的"思维方式。分析式思维倾向于用一种分解、离散式方法去分析事物，赖特在具体问题研究中的表现是注重微观分析。这种研究方式存在两个弊端：一是在研究方法上，只重"分析"，忽视"综合"，理论研究只有分解过程，没有重建过程，不是一个完整的、辩证的过程。二是在对具体问题的把握中，过于重视微观分析，而轻视宏观分析，缺乏整体性、全局性的把握视角。尽管如此，赖特对阶级问题的研究还是为学术界做出了卓越的贡献。如他著名的"十二种阶级位置"模型为当代研究阶级问题提供了新的借鉴思路。他采用理论预设与实证研究相结合的模式，使其很多理论具有较强的解释力，所得到的大量翔实的数据也具有很强的学术价值。

第二章　剥削理论与阶级结构理论

关于当代资本主义社会的阶级结构问题，目前学界存在诸多争议。出现这些争论的原因之一是，与资本主义早期相比，当代资本主义社会发生了很大的变化：蓝领工人减少、白领工人增加、中等收入阶层上升等。其中一个新的群体——"中间阶级"（Middle Class）饱受争议。在这种时代背景下，赖特展开了对当代资本主义社会阶级问题的研究。他的工作主要有两个：第一，试图在马克思主义传统内重建阶级理论；第二，对当代资本主义社会的阶级情况进行实证研究。

赖特对当代资本主义社会的阶级结构研究以突破"中间阶级"的定位问题为中心，他打破传统，提出了"阶级关系内的矛盾定位"概念。同时，赖特深受罗默一般剥削理论的影响，提出了多重剥削维度的理论。在"阶级关系内的矛盾定位"理论基础上，以三重剥削维度为中心，赖特对当代资本主义社会的阶级结构进行了基本分类。赖特划分了十二个阶级位置，并在此分析框架的基础上，展开了对当代资本主义社会阶级问题的一系列理论和实证研究。

第一节　"中间阶级"的"矛盾定位"概念

当代资本主义社会不再呈现出鲜明的两极分化的阶级状态，最明显的特征是出现了一批不占有生产资料却又与传统工人不同的雇佣劳动者，而对如何定义这些"中间阶级"群体，学界没有达成一致的意见。针对这一问题，赖特提出了"阶级关系中的矛盾定位"概念。他打破常规思路，把每一种阶级位置看作具有多种阶级的特征，直接承认阶级位置中的这种"矛盾"特性，赋予这些"矛盾"以概念合法性。

一、"中间阶级"难题

马克思曾在《共产党宣言》中指出："资产阶级的时代，却有一个特点：它使阶级对立简单化了。整个社会日益分裂为两大敌对的阵营，分裂为两大相互直接对立的阶级：资产阶级和无产阶级。"① 两极分化的格局或许符合马克思所生活时代的特点，然而，若把当代资本主义社会直接描述为两极分化的阶级结构，恐怕难以令人接受。因为除了传统的小资产阶级之外，当代社会中还有很多既不像资本家也不像工人的人，他们不拥有生产资料，在劳动力市场出卖劳动力却看起来不像"工人阶级"，通常被称作"中间阶级"。而所谓的"中间阶级"并没有像马克思所预测的那样逐渐两极化，反而似乎越来越强大。

最初"中间阶级"问题并未进入赖特的研究视野，当他在研究阶级与收入不平等的关系时，遭遇到划分阶级的问题，当时赖特以支配关系为中心划分阶级，在划分过程中屡遇困境，其中最棘手的问题就是如何定位"中间阶级"。

赖特带着疑问诉诸马克思的原著，在《资本论》中，他发现，除少数特例之外，这部著作的大部分内容涉及两个问题："对阶级关系的抽象结构构图（Abstract Structural Maps）的描述，和对阶级作为行为主体

---

① ［德］马克思、恩格斯：《共产党宣言》，中共中央马克思恩格斯列宁斯大林著作编译局译，北京：人民出版社 1997 年版，第 28 页。

的具体事态构图（Concrete Conjunctural Maps）的分析"①。前者关注的是阶级结构，即被社会生产方式所决定的、由阶级关系中的空白位置所组成的结构，人们占据着这些位置，而这种结构决定着他们的阶级利益。马克思在许多著作中都有对阶级结构的分析，尤其是在《资本论》中，他对资本主义生产方式的结构和动力进行了解析。后者关注的是阶级形成，即在阶级结构中人们组合起来参与集体斗争的方式。这一分析多见于马克思的政治、历史著作之中，如在《路易·波拿巴的雾月十八日》中，他提到社会冲突中的多种阶级角色。对于前者，马克思强调的是两极分化的阶级结构发展趋势。对于后者，马克思强调的是不同角色在斗争中同政权之间的关系，斗争的胜利与失败及其对政权变革的影响等，而对由这些角色所组成的社会结构并不感兴趣，他也从未把这两个问题联系起来考察。

然而，赖特却发现了其中的问题，这两种分析方式导致了两种完全不同的图景：阶级结构分析抽象出两极分化的阶级构图，而具体事态分析则描述了多种社会阶级角色的图景，这样，"两极分化"与"多种社会阶级"之间就形成了一种断裂。虽然这是两个不同的分析角度，但是二者涉及的都是社会阶级问题，必然要形成内在的统一性。在《资本论》第3卷未完成的最后一章中，马克思把小资产阶级称为"过渡"阶级，并强调了小农阶级的解体，同时他也隐约提到了"中间阶层"（Middle Strata），这又在某种程度上弥补了一下断裂。对此赖特则认为，资本主义社会的发展过程，最终会致使抽象的阶级结构和具体的阶级范畴之间达到真正的一致。

而对于当下而言，从理论上讲，马克思文本中的理论断裂直接提出了一个问题，即如何定位"中间阶级"。从现实中看，当代资本主义社会的"中间阶级"日益强大，社会学者们也经常会讨论橄榄型社会结构

---

① ［美］埃里克·欧林·赖特：《阶级》，刘磊、吕梁山译，北京：高等教育出版社2006年版，第8页。

对增强社会稳定性的意义，无论如何，社会中的大多数人不再接受两极分化的观点。于是，对如何定位"中间阶级"问题给出一个合理的解释，既是一种理论指向，又是一种现实需要。在这种情况下，赖特试图以一种理想的方式把"中间阶级"概念化，使之一方面与马克思主义理论的抽象原则相一致，另一方面又能在实证验证中有效应用。

在赖特涉足中间阶级问题之前，学术界对此有四种主流解决方案。一是"简单的两极分化"提法，即认为两极分化的理论同现实之间的断裂是表面现象，而事实上资本主义社会本身就是两极分化的。二是"新小资产阶级"方案，即认为非资产阶级、非无产阶级的阶级地位构成了"新"小资产阶级（或称为"新中间阶级"）。三是"新阶级"提法，介于资产阶级和无产阶级之间的阶级构成了历史上的"新阶级"，有时也被称作"专业管理阶级"。四是"中间阶层"的观点，这一思路主张所讨论的阶级地位并不属于某个阶级，而应该仅仅被当作"中间阶层"。

这四种解决方案均不那么令人满意。简单的两极分化提法暗含的理论前提是，管理者和技术专家不占有生产资料，是受到资本主义剥削的雇佣劳动者，地位等同于工人。赖特认为，以雇佣劳动的标准定义工人阶级，是存在问题的，因为很难保证在阶级斗争中，高层管理者会支持工人。"新小资产阶级"方案通常围绕"非生产劳动"的范畴而定义，即不生产剩余价值的雇员（如银行职员），其典型倡导者如普兰查斯。这一方案与简单的两极分化方案有个相同的困境，即如何保证管理者等非生产性雇员在阶级斗争中与工人保持同质性？"新阶级"的解决方式有很多不同方案，其共同点是：依据阶级地位同文化生产的关系重新定义阶级地位。如阿尔文·戈德纳主要根据对"文化资本"的控制来定义；伊万·塞勒尼（Iván Szelényi）和乔治·康拉德强调知识分子的"目的性"是潜在的阶级力量，等等。这一类方案避免前两种方案的一些问题，因为"新阶级"所囊括的某些分类是有潜力构成集体行动组织的。然而赖特认为此处有疑虑的是，这类划分也存在问题，诸如公司管理者和政府雇员的人，他们可能具有相同的文化特征，但是很难理解他们分享以剥削为基础的共同利益、在生产关系中占据相同地位。最后一种备选方案是"中间阶层"的处理方式。作为对概念空缺的临时性替补方案，这一提法比较受欢迎。但是，"中间阶层"位于基本阶级"之外"，事实上是对此处所讨论问题的一种回避。所以，多种备选方案皆存在理论弊端，需要以一种新的方式重新界定中间阶级，赖特的解决方案是提出一个新的概念。

赖特所说的"中间阶级"，指的是两种在资本主义社会中不处于两极的阶级地位。一是既非剥削者亦非被剥削者，而是恰好拥有社会资产人均份额的人。例如拥有社会资产平均份额的小资产阶级自我雇佣者，即"旧中间阶级"（传统意义上的中间阶级）。另一种阶级地位出现在不同剥削关系相互交叉的社会结构中，这些地位可能一方面剥削了他人，另一方面又被他人所剥削。例如资本主义社会的专业技术人员，一方面他们受到资本的剥削，另一方面又是技术剥削者，赖特称之为"新中间阶级"。

为了把上述两种"中间阶级"转化为一个具有逻辑一致性的概念，赖特提出了"阶级关系内的矛盾定位"（Contradictory Locations within Class Relations）概念。

二、"阶级关系中的矛盾定位"概念："对立"＋"共享"

由于几种备选方案都存在理论弊端，赖特开始尝试构造一个新概念。原有方案的共同之处是，每种地位与每一阶级之间存在一一对应的关系。赖特提出一个大胆的构想，如果放弃这一假设，那么为描述"中间阶级"提供一个新概念就完全可能。于是，他打破常规提出了一个新概念："不要把所有的地位都看作是唯一地定位于特定的阶级，从而看作是具有其自身权利的内在一致的阶级特征，我们应当把某些地位看作可能具有多重阶级的特征；它们可能同时处于多个阶级之中。这些地位的阶级性质是派生出来的，以他们所隶属的基本阶级为基础。这种地位就是我所说的'阶级关系内的矛盾定位'。"①

　　赖特的表述比较晦涩，需要加以解释才能更加清晰。事实上这一概念的完整表述是"对立的阶级关系中的矛盾定位"（Contradictory locations within contradictory class relations）。所谓"对立的阶级关系"，即资本家与工人之间的关系是资本主义社会的基本阶级关系，而二者在客观物质利益方面是根本对立的。关于"矛盾定位"，这种阶级定位之所以是矛盾的，是因为中间阶级同时分享了两种对立阶级的利益：一方面他们没有财产，同样受到资本主义的剥削，分享了工人阶级的利益；另一方面他们又会站在资本家的立场，管理或支配工人，分享了资产阶级的利益。同时，这种"矛盾的"阶级定位的矛盾利益又是来源于资本主义阶级关系的基本矛盾——资本家和工人之间的矛盾，所以称为"对立的阶级关系中的矛盾定位"，简称"阶级关系内的矛盾定位"。

　　这一概念经历了三个发展阶段。在赖特早期研究收入不平等问题的时候，他依据"个体是否自我雇佣"和"个体是否监督他人"，将阶级结构分为四类，如表 2.1② 所示。表中左上和右下两格是没有疑问的，小资产阶级的定义也契合传统马克思主义范畴，只有"管理者"地位具有"矛盾性"特征。

表 2.1　矛盾的阶级定位概念发展过程中阶级结构的初始分类

自我雇佣

		是	否
监督他人的劳动	是	资本家	管理者
	否	小资产阶级	工人

---

　　① ［美］埃里克·欧林·赖特：《阶级》，刘磊、吕梁山译，北京：高等教育出版社2006年版，第46页。

　　② ［美］埃里克·欧林·赖特：《阶级》，刘磊、吕梁山译，北京：高等教育出版社2006年版，第47页。

初次分类只有"管理者"这一地位具有矛盾的特征，赖特认为这种诠释缺乏辨识、过于粗糙。于是在重读了埃蒂安·巴里巴尔（Étienne Balibar)① 和普兰查斯关于阶级问题的很多著作以后，赖特发展了他的理论。受巴里巴尔对生产资料的"所有权"和"占有"所作区分的影响，赖特尝试着将这种方法运用到对"管理者"这一矛盾地位的分类中。赖特把"所有权"理解为对投资的控制；把"占有"（Appropriation）定义为对生产资料运转的控制，这种控制（Control over）可以分为两个层面：对物质生产资料的控制和对生产过程中劳动的控制。并且，赖特又将控制分为不同程度。基于此，他得到了如图2.1② 所示的基本阶级分类构图。

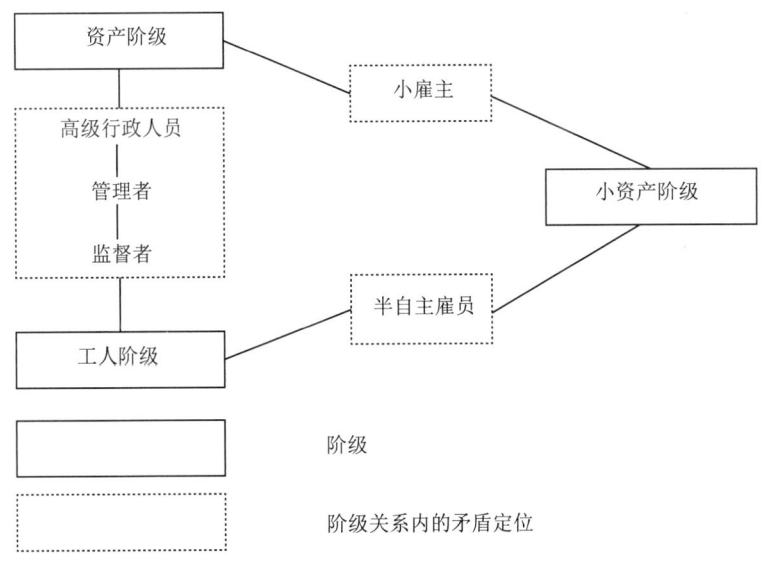

图2.1 资本主义社会基本阶级分类构图

① 这里赖特主要受到埃蒂安·巴里巴尔《历史唯物主义的基本概念》一文的启发。
② ［美］埃里克·欧林·赖特：《阶级》，刘磊、吕梁山译，北京：高等教育出版社2006年版，第51页。

对此，有必要进一步指出的是，赖特对非管理者技术和专业人员的阶级定位提出了初步方案。管理者通常同时具有资产阶级和工人的特征，技术和专业地位通常具有小资产阶级和无产阶级的特征。赖特在各种选择的纠结中，最终做了如下处理："把对一个人的劳动过程的实际控制看作是对他生产什么和怎样生产的控制，但排除了对其他人生产什么和怎样生产的控制"①。这一处理似乎符合科学家、设计人员、教师和其他各类技术和专业人员的特征，赖特将之称为"半自主的阶级地位"（即图中"半自主雇员"，Semi-autonomous employees）。另一个比较特殊的矛盾定位是，同时具有资产阶级和小资产阶级特征的阶级地位，赖特称之为"小雇主"。这一地位的特点是："生产资料的所有者同时也是自我雇佣的直接生产者（从而属于小资产阶级）和雇佣劳动的雇主（从而属于资产阶级）。"②

图2.1是赖特发展到1979年的矛盾定位构图。赖特当时进行着一项对阶级结构、阶级经验和阶级意识的大型调研，出于实践的需要，阶级定位需要进一步可操作化，图2.1在某些重要方面仍不明确和全面，尤其是"半自主雇员"这一地位难以操作。此间，赖特在分析后资本主义社会时，探讨了生产方式的"相互渗透"问题，即一种生产关系形式是系统地组合了不同生产方式特点的结果。"阶级关系内的矛盾定位"需要区别两种情况：在一种生产方式中的矛盾定位和在生产方式之间的矛盾定位。而要恰当界定半自主雇员这一概念，就要在简单商品生产下，讨论小资产阶级这一范畴。通过与罗默就阶级概念中"支配"一词所起作用的争论，赖特确定了"对社会生产关系进行定义的核心标准是占有

---

① ［美］埃里克·欧林·赖特：《阶级》，刘磊、吕梁山译，北京：高等教育出版社2006年版，第50页。

② ［美］埃里克·欧林·赖特：《阶级》，刘磊、吕梁山译，北京：高等教育出版社2006年版，第50页。

关系和支配关系的统一，而它接着又为定义阶级提供了基础"①。此时赖特认为，对物质生产资料和劳动的控制应视为"支配"工人的两种方式，二者不具有与投资同等的分析效力。从而分析的重点变成了简单商品生产下阐明占有和支配的关系。赖特认为此处占有关系即对自身劳动产品的私人占有（自我雇佣），支配关系即自我控制。那么，"半自主雇员"即可以自我控制劳动过程（不受资本主义的剥削），而不能占有劳动产品（受到资本主义的剥削）。修正后的阶级结构如表2.2②所示。

表2.2　发展了的阶级结构类型

	资本主义生产方式				简单商品生产	
	支配		占有		支配	占有
	支配	从属	剥削者	被剥削者	劳动过程中自我指挥	个人自我占有剩余
资产阶级	+	−	+	−		
高级管理者	+	+	+	+		
级别较低的管理者和监督者	+	+	−	+		
工人	−	+	−	+		
半自主雇员	−	+	−	+	+	−
小资产阶级					+	+
小雇主	+	−	+	−	+	+

+——符合该项标准　　资产阶级：（下有虚线者为）基本的阶级定位
−——不符合该项标准　高级管理者：（下无虚线者为）阶级关系内的矛盾定位

至此，赖特正式提出"阶级关系内的矛盾定位"这一概念。在这一概念的发展过程中，"占有"与"支配"两个原则始终是赖特所遵从的。即使在表2.1的四个阶级位置图中，尽管赖特没有明确提出"占有"与

①　［美］埃里克·欧林·赖特：《阶级》，刘磊、吕梁山译，北京：高等教育出版社2006年版，第53页。
②　Wright E O, *Classes*, London：New Left Books/Verso, 1985, p. 50.

"支配"的概念，从本质上看，却也体现了这两种划分原则——"自我雇佣"维度体现了他所理解的"占有"关系，"监督"维度体现了"支配"关系。

赖特认为，"阶级关系内的矛盾定位"概念对解决发达资本主义社会的中间阶级问题来说是个很大的进步，但概念发展至此仍有一些遗留问题。第一，关于矛盾定位的"矛盾"一词，在一些阶级定位中，具有双重阶级特征的地位，其双重特征的利益是对立的；在另一些阶级定位中，仅指"双重的"或"不同类的"定位，而其内涵的不同特征未必对立。第二，关于"半自主雇员"这一类别，其作为阶级标准的"自主权"有些争议。主张自主权是"小资产阶级"的特征，一是在结构上和历史地看都有缺陷；二是自主权在工作安排中有不稳定和不确定的特征，例如，一个人在跳槽前后的两份工作中，自主权不同，不能说他换了阶级；三是这一划分在经验中会有异常情况出现，例如门卫比飞行员有更多自主权，用此定位飞行员的地位与直观感受明显相悖。第三，这一分析没有显示出后资本主义社会的阶级结构特征。第四，阶级关系内的矛盾定位概念，过多地依赖支配关系，而剥削关系被边缘化，赖特认为这是非常严重的缺点。而且这是最根本的问题，前三个问题都与其或多或少有关系。而如果沿着这条路走下去，可能导向达伦多夫以权力关系为中心分析阶级的走势。赖特看到其危险性，而试图努力恢复以剥削为核心的阶级分析方法。

第二节　剥削与阶级分析

在"阶级关系内的矛盾定位"概念发展过程中，赖特几次调整其划分标准，却仍存在理论缺陷。他认为，以支配关系为中心划分阶级不可取，此时他深入研读了罗默的一般剥削理论，发现罗默对剥削的定义可以为界定"阶级关系内的矛盾定位"提供理论基础。罗默运用新古典主义经济学的方法，阐述了一般剥削理论。赖特部分地接受了罗默的剥削框架，然而他也认为罗默的剥削理论有一些不妥之处，于是他对罗默的剥削定义、具体的剥削机制都进行了修改，并把具体的剥削机制与阶级结构类型关联起来。在此基础上，赖特将具体剥削机制引入当代资本主义社会阶级结构划分中，对"中间阶级"提出了新的解释与定位。

一、剥削的定义：对罗默的修正

提起赖特的剥削理论，不得不提到罗默，因为赖特借鉴并扩展了罗默的一般剥削理论。罗默认为劳动价值论是错误的，原因是以劳动价值论来阐述剥削没有必要。他采用新古典主义经济学的方法，运用微观均衡模型，塑造了一种新的剥削理论——一般剥削理论。

在具体研究中，罗默首先运用劳动转移的方法论证出剥削源于生产资料分配的不平等，其次运用博弈论的方法定义了剥削。关于前者，罗默通过不同的经济模型，论证了两个基本命题：一是剥削能够在"所有人都拥有生产资料但是持有数量不同"的情况下出现；二是资本雇佣劳动力市场和资本信贷市场具有完全对称的剥削结构。以这两个命题为基础，罗默得出结论：以市场为基础的剥削和阶级关系，在形式上可以直接源于生产资料产权分配的不平等。关于后者，罗默认为劳动价值论是错误的，他运用博弈论的方法、基于财产关系提出了关于剥削的一般定义。即当满足下列两个条件时，剥削才会产生，其中群体 S 为被剥削者，而其补集 S'（较大群体 N 减去 S 的剩余物）可以为剥削者："（1）假定存在这样一种可选方案，在这一可选方案中，S 的状况总会比现在更好；（2）在这一可选方案中，群体 S' 作为 S 的补集，状况总会比现在更糟"[1]。条件（1）表

---

[1]　John E. Roemer, *A General Theory of Exploitation and Class*, New York：Harvard University Press, 1982, p. 194.

明，只有在没有剥削的情况下，被剥削者的生存条件得到改善，谈论剥削才有意义；条件（2）表明，被剥削者是被"其他人"所剥削，而非被自然或技术剥削。然而，这两条标准不是充分条件，在缺乏第三条标准约束的情况下，可能会产生很多无意义的剥削。为了排除无意义的解释，罗默提出了各种可能的补充标准，其中最普遍的是加上"S'居于对S的支配关系"，此处"支配"是指在二者关系中，S'处于优势地位，S'能够阻止S退出到可选的博弈中，这一补充标准强调了S与S'之间的不平等关系。罗默依据上述标准界定了四种形式的剥削：封建剥削、资本主义剥削、社会主义剥削和地位剥削。

赖特部分地接受了罗默的一般剥削理论，与罗默仅仅把剥削看作一种经济行为不同，赖特把剥削问题与阶级紧密结合起来，从而发现罗默的理论框架并不完善。众所周知，马克思用劳动价值论阐述资本主义社会的剥削问题，赖特认为，劳动价值论本身并不是错误的，只是在现实应用中不易操作，难以直接为当代剥削问题提供清晰的解释。罗默的一般剥削理论也存在漏洞，赖特有取舍地借鉴并修改了罗默的一般剥削理论，又在其中部分地融入了剩余价值的思想，最终提出了自己的剥削理论框架。赖特提出要对"经济压迫"与剥削进行区分，他所理解的剥削要满足下列三个标准：

（1）反向依赖原则：剥削者的物质利益依赖于对被剥削者的剥削程度。

（2）排他性原则：反向依赖原则的实现，必须排除被剥削者获得其他生产资料来源的可能性。

（3）占有原则：排他性原则赋予了剥削者物质上的优势，使剥削者能够占有被剥削者的劳动果实。

这是赖特对剥削的定义。这三条标准揭示了从生产资料占有的初始不平等，到最终收入不平等的作用机制。反向依赖原则界定了双方物质利益的对立关系；排他性原则表明这种对立关系植根于生产方式之中，也暗含了竞争的不公平之意；占有原则强调了剥削者对被剥削者劳动果实的窃取，这条原则也是赖特对罗默剥削定义的关键修正和补充。也就是说，剥削者依据他们在资源占有方面的排他性权力，占有被剥削者的劳动剩余产品，前者对后者形成剥削。尽管赖特先是弃用了劳动价值论，倾向于罗默的剥削理论，最终也还是在剥削定义中融入了劳动价值论的思想。

如果只满足前两条原则，不满足第三条，那么这种情况称为"非剥削性经济压迫"。罗默的退出规则从本质上说只是定义了经济压迫的一种情形。在非剥削性经济压迫中，不存在劳动成果被占有的过程，压迫者的利益在于排他性的资源占有方式。此时压迫者的利益仍是以被压迫者的利益损失为代价的，这种逆向关系和剥削一样，都是基于对经济资源所有权的控制。然而剥削和非剥削性经济压迫的区别在于，在剥削关系中，剥削者需要被剥削者，因为前者依赖于后者的努力。在非剥削性经济压迫关系中，尽管压迫者的利益依赖排他性原则，压迫者和被压迫者之间却不存在持续的依赖关系。简单地说，如果被压迫者消失了，压迫者会因此而高兴。这一点可以通过北美和南非的欧洲殖民者对当地土著人的态度反映出来。在北美，欧洲殖民者只想占有土地，却不需要土著者的劳动力，土著者是被压迫的。当土著者反抗时，种族灭绝政策就出现了。而在南非，欧洲殖民者严重依赖当地的劳动力以获取繁荣，这是一种剥削，此时种族灭绝政策不会成为殖民者的选择。也就是说，真正意义上的"剥削"一定包含对剩余劳动的占有这一必要前提。在这一基本剥削定义的基础上，赖特继续对罗默的剥削理论进行了进一步修正。

剥削不只确定了人们在社会中的地位，而且确定了一种社会关系，这种关系促使群体之间不断地互动、竞争。而且由于剥削者占有了被剥削者的劳动力，被剥削者势必心存不满。这样，在二者的关系中就要形成一种张力，有时候剥削者需要对被剥削者予以妥协。前文赖特对阶级关系的矛盾定位过于依赖支配关系，支配符合排他性原则，对某种资源的占有权赋予支配者阻止他人使用这一资源的权力（利）；支配通常也和占有原则联系在一起，在剥削过程中，对被剥削者劳动力的占有通常通过从属关系实现，诸如劳动过程中的指挥、监督、威胁等形式。简单说来，支配是控制他人的行为，而剥削是从被支配者的劳动中攫取经济利益的行为。所有的剥削都会包含某种类型的支配，而支配中未必带有剥削，"剥削和支配共同界定了阶级关系中的结构性互动特征"①。

二、剥削机制："组织剥削" 取代 "地位剥削"

在罗默的退出规则中，考虑了两种类型的资产，可转让资产和不可转让资产，即物质资产和技术资产。资本主义剥削的退出规则是，带着总物质资产的人均份额退出博弈；封建剥削的退出规则是带着个人资产退出博弈；社会主义剥削的退出规则是带着不可转让资产（指技术或才能）的人均份额离开博弈；技术剥削是指，稀缺技术可在某种意义上获得"租金"，因而构成了剥削要素；地位剥削，罗默的阐释相对微弱，类似官僚政治所施行的剥削。

在这几种退出规则中，赖特认为封建剥削和地位剥削需要修正。在封建社会，农奴不完全拥有自己的劳动力，其劳动力部分地归封建领主所有。封建社会的法律禁止农民离开土地，所以农民逃到城市就相当于偷窃了归属于领主的那部分劳动力，这是因为封建社会的农民不具有与领主等同的劳动力所有权。因此，赖特主张，封建剥削应该是：个人带着全社会劳动力的平均份额退出博弈。

罗默的地位剥削概念是应现实需要而出现的，然而在赖特看来，这种应需要而出现的"地位剥削"并不十分恰当。一方面，其他几种剥削

① ［美］埃里克·欧林·赖特主编：《阶级分析方法》，马磊、吴菲译，上海：复旦大学出版社 2011 年版，第 27 页。

不仅仅要解释物质分配，而且还与生产密切相关，而地位剥削不具有此种特征。另一方面，地位剥削很难与封建剥削相区别。

赖特主张用"组织剥削"取代"地位剥削"。因为生产过程得以组织起来的方式，其本身就是一种生产性资源。亚当·斯密和马克思都曾论及，分工本身就是生产力，赖特认为它是在生产性资产名单上排名第四位的要素。组织资产在不同的社会形式中有不同分配方式，在资本主义社会中，这一资产通常由资本家和管理者所控制；在中央集权制国家中，组织资产不再仅仅由企业管理者所掌控，而是延伸到国家的中央计划机构中。虽然组织资产同权力有关系，但是能成为资产的并不是权力本身，而是能够赋予权力存在的组织，组织才是通过权力所控制的资产。

关于组织资产，可能存在两种反对意见：一是这种资产不能被"拥有"，因此不能成为财产关系的基础；二是这种剥削方式无法与生产资料进行区分。而赖特认为，"所有权"具有两种基本含义：拥有财产权利的所有权和可以实际支配某物的所有权。显然，组织资产属于后者。在关于如何与生产资料进行区分的问题上，赖特进行了如下澄清。无论是何种剥削，都会带来对社会剩余的索取，剥削者具有处理剩余的能力。现在的问题不是剥削者如何处理其所掌控的社会剩余，而是他们在什么基础上实现了对剩余的控制。在资本主义社会中，组织资产的剥削者可以将他们在组织资产基础上所获剩余用于投资，这样他们就将组织剥削资本化。而在中央集权的生产体系中，官僚和管理者不能将他们所掌控的剩余转化为资本剥削，最多是将剩余用于提高自己的组织地位，控制更多的组织资产，但是不能将组织剥削资本化。

把对这两种资产进行修正的结果添加到罗默的分析框架中后，可以得到如表2.3所示[1]的复杂分类。

---

[1]　Wright E O, *Classes*, London：New Left Books/Verso, 1985, p. 83.

表2.3 资产、剥削与阶级

阶级结构的类型	不平等分配的主要财产	剥削机制	阶级
封建主义	劳动力	对剩余劳动的强制性榨取	领主和农奴
资本主义	生产资料	劳动力与商品的市场交换	资本家和工人
中央集权主义	组织	以等级为基础，有计划地对剩余进行占有和分配	管理者/官僚和非管理者
社会主义	技术	通过谈判对剩余进行从工人到专家的再分配	专家和工人

在赖特进行修正之后，罗默所提出的剥削机制就变得井井有条。每一种剥削都由一种资产的不平等分配而产生，依次是封建社会的劳动力、资本主义社会的生产资料等。每一种剥削机制中都对应着相应的剥削者与被剥削者。继而赖特又明确把组织剥削作为一种资产，这种资产的不平等分配成为中央集权制国家的主要剥削机制的基础，其典型对立阶级为管理者（或官僚）与非管理者。在此表中，赖特对"社会主义"一行的定位并不合理，他本人也解释说社会主义并不充分构成阶级社会。此问题不是本书讨论的重点，不做过多赘述。

三、中间阶级及其矛盾定位：十二种阶级位置模型

对剥削形式与阶级关系进行分类并不是赖特的主要目的，这一工作是为理解当代资本主义社会的阶级结构提供理论工具，尤其意在为定位"中间阶级"提供依据。赖特对此前几种界定"阶级关系内矛盾定位"的标准都不满意，他决定以剥削为标准重新对中间阶级进行"矛盾定位"。

把剥削思想融入矛盾定位的概念中，矛盾定位的基本内涵就变成：一种阶级位置A，他们可能在与阶级位置B的关系中处于被剥削的地位，而在与阶级位置C的关系中处于剥削地位。所以阶级位置A既是剥

削者，又是被剥削者，在阶级关系中处于矛盾性地位。赖特集中精力处理这些"矛盾性"地位，其处理方式是根据前文确定的不同的剥削类型，将不同的矛盾性地位加以定位。

以剥削为基础、在"矛盾定位"概念的指引下，赖特对当代资本主义社会的阶级定位进行了系统分类，如表2.4[①]所示。这个表格是在如下思路中得出的，首先，依据是否占有生产资料，将社会中的阶级分为两大类：生产资料所有者和雇佣劳动者，即表格中的左半部分和右半部分。对于右半部分不占有生产资料的工薪收入者，赖特依据另两种剥削机制——组织资产剥削和技术资产剥削——进行分类。所得表2.4中这一框架就是有名的"十二种阶级位置"模型。与简单两极分化的阶级框架不同，这一模型对当代资本主义社会的阶级定位进行了精细的分类。

表2.4 资本主义社会中阶级定位的分类

生产资料资产

生产资料所有者	非所有者（雇佣劳动者）			
拥有足够资本雇佣工人而自己不工作	1.资产阶级	4.专家管理者	7.半资格证书管理者	10.无资格证书管理者	+
拥有足够资本雇佣工人但自己也必须工作	2.小雇主	5.专家监督者	8.半资格证书监督者	11.无资格证书监督者	>0
拥有自我工作的足够资本但是不足以雇佣工人	3.小资产阶级	6.非管理者专家	9.半资格证书工人	12.无产阶级	−

组织资产

技术/资格证书资产：+ >0 −

所谓组织资产剥削与技术资产剥削，与前文中所讨论的概念是一脉相承的，只是对应于当下资本主义社会现状，赖特有更具体的所指。组

---

① Wright E O, *Classes*, London：New Left Books/Verso, 1985, p. 88, Table3. 3.

织资产剥削，赖特主要考察的是不同阶级位置在生产中与权力的关系。此处的权力维度，第一层含义是指统治职能，即为了保证工人有序工作，资本主义生产中会包含一套组织机构，其中有监督、各种规则和不同形式的等级制度。在这种意义上，管理者和监督者在生产中对工人进行支配，站在了资产阶级的立场上，因此赖特认为他们具有两种相对立的特征。一方面，他们在生产中统治着工人，像资本家；另一方面，他们受资本家的控制和生产中的剥削，所以像工人。这也是一种典型的"阶级关系中的矛盾定位"。权力维度的第二层含义，集中在雇员收入与剩余占有的关系上。赖特认为，管理者凭借其在生产组织中的优势地位，能够以高收入的形式占有一部分社会剩余。他认为管理者的收入高于生产或再生产这种劳动力的成本。

技术资产剥削，主要考察雇员与技术、专长的关系。赖特认为具有较高技术水平的雇员潜在地处于特权位置，原因有二：一是劳动力市场中技术和专长是稀有的，其拥有者凭借其"技术租金"获取高于生产或再生产他们劳动力成本的收入，这是占有部分社会剩余的一种方式。二是对知识和技术的控制通常造成管理和控制技术工人的困难。有时雇主为了获得高水平技术工人的合作，会以高薪的方式作为一种忠诚机制，由此高水平技术雇员也能够占有剩余。所以赖特把技术和专长作为一种剥削资产。

还应重点强调的是，表2.4中的分类单元并非"阶级"本身，而是阶级关系中的"位置"。此处的"位置"与第一章所述的"被个体所填满的空位置"有区别，第一章中的位置是与具体的"阶级"相对应，而此处的赖特的这一分类并不是将资本主义社会划分为十二种阶级，而是在阶级关系中区分出十二种位置。准确地说，这是一张阶级位置分布图。而在具体的实证研究中，赖特通常将那些矛盾定位的位置归类为"中间阶级"，也有的时候出于理论研究的需要，有其他的划分方法。

另外，此处仍有两处需要说明：第一，在矛盾的阶级定位思路下，

"阶级结构中的'空位置'再没有必要存在于一个,并且仅仅是一个阶级之中"①。赖特的"位置"与具体"阶级",不是传统的一对一的关系,而是一个阶级位置可以同时具有多个阶级的特征,是一种具有"矛盾性"的位置。第二,在具体实证研究中,赖特还区分了"直接的阶级位置"与"间接的阶级位置"。前者即通常分析中能够直接对应于阶级分析框架中的位置,后者则是指儿童、家庭主妇、失业者、靠养老金生活的人以及学生等不在劳动力市场直接出现的人所对应的阶级位置。间接的阶级位置一般通过家庭的纽带与直接的阶级位置相联系,从而把他们对应于阶级分析框架中的位置。②

此后几乎赖特所有的阶级理论与实证研究都是以"十二种阶级位置"模型为基础展开的。乍看起来,这是一种全景式的阶级位置分布图,而其真正的核心要素在于对"中间阶级"的定位,这也是赖特研究剥削问题的主要动因,组织剥削与技术剥削在其中发挥了至关重要的作用。

第三节　赖特与罗默理论之比较

很多人因为赖特借鉴了罗默的剥削理论,而将二者混为一谈或是甚至将赖特的思想置于罗默理论的附属地位。事实上,赖特有自己独立的理论框架与研究目标,尽管有所借鉴,他的剥削理论也与罗默的剥削理论有着很大的差别,这种差别体现在具体的理论内容、二者对剥削含义的深层理解以及基本理论立场与方法等诸多方面。为此,此处需要做的

---

① ［美］埃里克·欧林·赖特:《后工业社会中的阶级:阶级分析的比较研究》,陈心想、皮小林、杨玉明等译,沈阳:辽宁教育出版社2004年版,第529页。

② 具体可见［美］埃里克·欧林·赖特:《后工业社会中的阶级:阶级分析的比较研究》,陈心想、皮小林、杨玉明等译,沈阳:辽宁教育出版社2004年版,第十章。

工作是：一方面，清楚地呈现赖特的理论框架与罗默的差异；另一方面，是要说明不仅是罗默，而且也包括对罗默理论进行过修正的赖特，他们的理论框架都是存在问题的。

一、罗默剥削理论存在的问题

罗默的一般剥削理论意在论证资本主义社会存在剥削，其价值立场无可指摘，研究视角与方法也颇具新意。然而，他的剥削理论却存在诸多逻辑漏洞。一是他否定劳动价值论的原因令人质疑。二是他所采用的研究模式和研究方法具有理论局限性。三是他所得到的结论并没有充分的理论依据。

罗默剥削理论产生的第一个前提是否定了劳动价值论，继而否定了马克思基于劳动价值论的剥削理论。然而，罗默并没有说明劳动价值论因何错误，而只是说，通过微观经济均衡理论也能推出剥削的结论，就不必用劳动价值论这么复杂的理论，因此劳动价值是错误的。还有一个例证，罗默在某一微观模型中论证了"社会必要劳动时间"的概念。他以社会消费总量为基数，认为工人劳动时间超过了社会必要劳动时间，资本家的劳动则低于社会必要劳动时间，因而二者分别为被剥削者和剥削者。他认为，这种论证方式与劳动价值论无关，因而后者是错误的。除了得出否定结论的论据不足之外，更关键问题是，罗默与马克思所指的"社会必要劳动时间"内涵不同。马克思所谈论的，是指体现在生产总量中的劳动，这包括却不局限于消费总量。可见，罗默否定马克思劳动价值论的理论依据并不充分。

罗默采用新古典主义经济学的方法阐述剥削理论，把动态的社会运行过程转化为一种静态的微观经济均衡模型。其所采用模型与研究方法存在三个明显误区。首先，这种静态的研究模型与资本主义生产方式根本不是一回事，而是一种非历史的书斋模型。其次，微观经济学中的博弈个体是一种"理性人"，而不是社会人，这也使剥削完全变成了个体行为。同时，罗默的静态微观书斋经济学模型忽视了剥削产生的社会因素（例如强迫）。而在马克思的理论中，剥削是与阶级紧密相关的一种社会现象，剥削产生于经济领域，却不仅仅局限于经济领域，而是具有厚重的社会历史意义。再次，罗默采用个人主义方法，在探寻剥削的微观基础的同时，却没有把握住剥削产生的社会历史背景这一宏观关照。

罗默得出剥削源于生产资料分配的不平等这一结论，也缺乏充分的依据。因为生产资料分配的不平等只是提供了剥削产生的一种可能，而这一可能变成现实还需要工人进行劳动，并且资本家无偿占有工人的剩余劳动。罗默把一种可能性因素放大为剥削产生的全部根源，忽视了生产资料与劳动者相结合的重要性。罗默只看重财产关系，而马克思把财产、异化、控制与剥削看成相互作用的因素。总之，罗默精心设计的微观均衡模型是有经济学借鉴意义的，其剥削理论也有一定的学术价值。然而，站在马克思主义研究视角来看，其一般剥削理论还是有显而易见的弊病。

二、赖特何以对罗默剥削理论进行修改和补充

从具体理论内容方面看，赖特在定义剥削的过程中提出"占有原则"，对"剥削"与"压迫"进行了严格区分，将罗默不包含"占有剩余劳动"思想的剥削定义界定为一种"经济压迫"。另外，赖特对罗默提出的几种剥削进行了修改与补充。他对封建剥削的修正值得肯定，更符合封建制生产关系的状况。赖特发现罗默所定义的地位剥削很难同封建剥削区分开来，于是他主张用"组织剥削"取代地位剥削。赖特明确阐述剥削类型的本意是为了对应到当代资本主义生产关系中。然而，断言可以将组织资产剥削和资本主义剥削区分开来只是理论上的事。在现实中，资本家控制着生产资料，进而控制了组织资产。我们很难想象，对生产资料不具有统治权的管理者可以在资本家的反对下进行组织管理。

　　赖特细化了罗默的技术剥削理论，提出把资格证书作为一种剥削手段，认为拥有资格证书的人对没有资格证书的人进行了剥削。但是这种论断并没有充足的依据，有资格证书的人获取高收入，同时他们也生产出较高的劳动价值。若其收入与其劳动创造能力成正比，那么就不存在这种剥削。或许这种技术可以视为马克思所说的"复杂劳动"，"比较复杂的劳动只是自乘的或不如说是多倍的简单劳动，因此，少量的复杂劳动等于多量的简单劳动"①。从而赖特所持的资格证书剥削论未必是站得住脚的。

　　从对剥削含义的深层理解上看，罗默在很大程度上把剥削仅仅当作一种经济学理论，而赖特则看到了剥削更深层次的内涵。在罗默的一般剥削理论中，处于核心地位的概念是财产关系，而非劳动的转移，他直接否定了劳动价值论。与罗默不同，赖特并不认为劳动价值论是错误的，而只是因为"基本生存需要"这一理论指标在现实中难以精确计算，从而在他理论研究与实证验证相结合的阶级研究体系中，劳动价值论才被搁置不论。从赖特对剥削的定义中可以看出，他十分强调"占有"和"剩余"的概念，实际上是借鉴了劳动价值论的思想。并且在对剥削进行定义之后，赖特紧接着对"经济压迫"进行了解释，剥削中一定包含着压迫，这是对剥削的一种伦理道德意义上的强调。同时，剥削理论的侧重点不仅仅在于某些人比另一些人拥有更多的资产，更在于前者能够利用此优势对后者形成致命打击，赖特的这层意思是罗默所忽视的。更进一步说，尽管罗默在谈论剥削时也与社会阶级结构相对应，然而这种对应更多地是强调其经济学意义。与之相比，赖特则从整个社会的阶级结构出发探讨剥削问题，同时也强调阶级的不平等性与剥削的不道德性。

　　从理论立场和方法上看，二者也有极大的区别。罗默在理论研究的

---

　　①　《马克思恩格斯全集》（第23卷），北京：人民出版社1972年版，第58页。

早期对马克思主义议题颇为感兴趣，然而他的剥削理论却运用了新古典主义经济学的方法。到了后来，罗默转而研究分配正义问题。对罗默的新古典主义经济学方法与后期理论转向，赖特在采访中曾表示出"道不同不相为谋"的无奈①。虽然赖特借鉴了罗默的剥削理论，但是他只是部分地采纳了把各种资产当作初始资本这一思路，而对其新古典主义经济学论证方法并不十分赞同，同时赖特也把罗默的退出规则仅仅贬低为经济压迫，而真正的剥削还需满足"对剩余的占有"这一条件。罗默在研究中喜欢采用演绎和数学模型的方法，其"理性人"假设是一种个人主义方法论。赖特对此提出批判，并主张建立微观基础并不一定要采用"方法论个人主义"。总体说来，罗默把剥削完全当作了一个静态的、微观的经济学问题，赖特则把剥削理论紧紧镶嵌在阶级问题的大背景中，认为二者是相辅相成的。剥削问题在赖特的理论体系中，与其说是一个理论目标，不如说是一种理论手段，是为研究阶级问题服务的，同时也就带有了阶级问题的非中性色彩。

三、阶级与阶层相结合的理论研究模式

对赖特而言，研究剥削问题是为了更精确地界定阶级结构分类。他综合运用不同的剥削机制，将社会阶级类型划分为十二种分类定位（表2.4）。这一划分模式是一种阶级与阶层相结合的研究方法，之所以这么说，是因为他所采用的三种剥削维度是具有主次层次之分的。具体说来，第一重维度，依据是否拥有生产资料将阶级图谱划分成两大部分：生产资料所有者和雇佣劳动者，这是一种传统的"阶级"划分维度。后两重维度为组织资产维度和技术/资格证书资产维度，主要界定"矛盾的阶级定位"。在三重维度的共同作用下，他将社会阶级结构划分为十二种定位。从表2.4中可以看出，这三重维度的优先级是不一样的，生

---

① 参见2001年4月马克·科比（Mark Kirby）对赖特的采访第三部分。

产资料所有权是处于首要位置的，另两重维度则相对处于次要地位。生产资料所有权的重要性地位，凸显出赖特意在坚持马克思主义阶级分析的基本原则。然而阶级界定的三重剥削维度，则体现了韦伯主义阶层研究的特点，这一点连赖特本人都坦然承认，"也许最为明显的是，我所持的观点同常见的三阶级模型存在着重要的联系，这一模型由马克斯·韦伯提出"①。而韦伯主义的传承者安东尼·吉登斯在分析阶级构造过程时，也曾指出：有三种市场能力具有典型的重要意义——"生产资料所有权、对教育或技术资格的拥有、体力劳动能力"②。赖特所采用的具体剥削维度与韦伯主义者不同，然而其思路却如出一辙。

从前文的分析中可以看出，赖特力图将马克思主义传统的阶级理论当代化，其划分阶级的主要标准仍是生产资料所有权，社会阶级主体结构仍是资本家与工人的二元结构。只是赖特在阶级问题研究中，力图精确地实证化，因此对阶级位置划分要求更细致，而二元阶级对立的分析方法在此就显得颇为抽象，为了建立微观研究，赖特加入了后两种维度。但是他明确提到韦伯的三种维度分层方法存在"多重压迫"论的风险，因为后者错误地将生产方式的抽象层次和社会形态的抽象层次结合起来了。所以赖特一再强调，表2.4中的阶级"位置"并不是一个"阶级"，而是阶级关系中的定位（Location-within-relations）。甚至"十二种阶级位置"模型也不是一成不变的，赖特指出，这个模型只是诸多确定阶级位置模型中的一种，根据不同的研究目的，位置多少是可以改变的。

后两种剥削维度意在对"中间阶级"进行精确定位，这是赖特的一个理论目标，这一目标的最终形式却是对"中间阶级"的矛盾定位，这

---

① ［美］埃里克·欧林·赖特：《阶级》，刘磊、吕梁山译，北京：高等教育出版社2006年版，第108页。

② Anthony Giddens, *The Class Structure of the Advanced Societies*, New York：Barnes & Noble, 1973, p. 107.

既是赖特阶级理论最富特色之处，又是使他饱受诟病之处。很多人因此而批评他脱离了马克思主义研究范式。事实上，如前文所强调，阶级"位置"不是一个"阶级"，为了排除人们的误解，赖特后来也明确指出过，"把我曾称作'中间阶级'的这些人描述为工人阶级中的特权阶层更为恰当"①。所以赖特并未把"中间阶级"当作一个阶级或是多个阶级，而仍是工人阶级阵营的合作伙伴。只是在传统马克思主义阶级研究框架之外，赖特吸取了多家的思想，使他的阶级理论更为生动、细致和丰满。然而，赖特把对"中间阶级"的"矛盾定位"与对资本主义二元结构的阶级划分置于同一个研究框架中，虽然他的安排富有层次，但是这种看似可以兼容的模式却并不顺理成章。因为阶级划分与阶层划分是两个不同维度的研究方法，二者有关联却不完全统一，赖特直接把它们压缩到同一个维度中，这种做法在逻辑上是否妥当还有待商榷。

第四节　赖特剥削与阶级结构研究的理论失误

前文探讨了赖特关于剥削与阶级的基本理论，如果进一步挖掘其理论实质，赖特的理论还存在更深层次的问题。一方面，"中间阶级"及其"矛盾定位"有着一系列难以澄清的难题。另一方面，虽然赖特的多重维度剥削论有着更深的理论根源，但是其立足点却是经不住推敲的。

一、"中间阶级"的"剥削"悖论

对赖特而言，需要"矛盾定位"的"中间阶级"一方面受到资本主

---

① Wright E O, *Class Counts*: *Comparative Studies in Class Analysis*, Cambridge：Cambridge University Press，1997，p. 75.

义剥削，另一方面又以其各种优势剥削工人。这一论断有着重重难以破解的矛盾。众所周知，剥削理论是马克思主义阶级理论的核心，而赖特对三重剥削维度的阐发，既不符合传统马克思主义剥削理论，又与他自己定义的剥削概念不一致。而且，"中间阶级"这一提法本身也存在争议。如果我们提出下述两个问题，那么赖特的剥削与中间阶级理论就很难自圆其说。

第一个问题："中间阶级"对工人是否存在"剥削"？

在传统马克思主义阶级理论中，"剥削者"与"被剥削者"是一对相互对立、相互依存的概念，指向的是相互对立的两个阶级，如资本家与工人、地主与农民，而中间阶级双向剥削论显然打破了这一定律。而且，从《资本论》及马克思多个《手稿》的立场来看，剥削意指"非生产劳动阶级"与"生产劳动阶级"之间的关系。前者榨取后者的剩余劳动，称为"剥削"。而所谓剩余劳动，马克思说是"为养活不劳动的人而从事的劳动"[1]。马克思的原文中称剥削者为"非生产劳动者"，称被剥削者为"直接生产者"或"劳动者"。[2] 从这点看来，赖特所说的"中间阶级"并不符合"非生产劳动者的"特征，因为无论是管理者、监督者还是技术专家，都从事生产劳动。此处有一个需要澄清的扩展性问题，即如何看待从事管理和监督工作的资本家？马克思对此曾有论述：资本家是人格化的资本，资本反映的是物质化的资本主义生产关系，所以资本家是人格化的生产关系。当他们是生产劳动者的时候，就不是剥削者。不能把生产劳动过程中的管理职能混同于"对抗的性质产生的管理职能"[3]，前者是从生产劳动的客观物质层面和技术关系中产生的，后者是从生产劳动的社会方式（即生产关系）中产生的。

即使从赖特本人的剥削定义来看，中间阶级与工人之间：既不符合

---

① ［德］马克思：《资本论》（第3卷），北京：人民出版社2004年版，第960页。
② ［德］马克思：《资本论》（第3卷），北京：人民出版社2004年版，第512页。
③ ［德］马克思：《资本论》（第3卷），北京：人民出版社2004年版，第386页。

"反向依赖原则",因为中间阶级创造劳动价值,其物质利益来源于其自身劳动;又不符合"占有原则",因为我们无法提供中间阶级占有工人剩余劳动的依据。而关于"排他性原则",如果赖特以韦伯主义的市场机会理论来解释,或能自洽。但即便如此,说中间阶级"剥削"工人,仍然是不符合逻辑的——管理者和监督者(或者部分技术专家)在工作中与工人可能存在"支配"关系,但是说存在"剥削"关系,是不恰当的。

第二个问题:"中间阶级"何以称为"阶级"?

赖特一再强调,他的"资本主义社会中阶级定位的分类"表(表2.4)中单元所指为"阶级位置",而非一个独立阶级。"中间阶级"是指需要矛盾定位的那些阶级位置的统称,他们既不是一个阶级,也不是多个阶级的联合,那么何以称之为"阶级"?根据赖特的这种"位置"联合的解释,似乎称之为"中间阶层"更为恰当。此外,马克思主义范畴内的不同"阶级"之间是存在对抗性关系的。而赖特所指的中间阶级,很难看出他们与工人之间存在实质性对抗性关系。

谈及此处,不得不再次提起的是,赖特坦言"把我曾称作'中间阶级'的这些人描述为工人阶级中的特权阶层更为恰当",也就是承认"中间阶级"仍是工人阶级的一部分。显而易见的是,赖特的这一定位也否认了"中间阶级"是一个"阶级"的说法。由此引出第三个问题:同一阶级之间何以存在相互"剥削"?马克思主义范畴内的剥削是一个阶级对待另一个阶级的行为,既然"中间阶级"同属于工人阶级,即使是特权阶层,无论这种特权有多么高贵,他们也仍属于工人阶级,同一阶级之间又如何"剥削"呢?这就又回到了第一个问题。

二、多重维度剥削论的理论根源

之所以出现"中间阶级"剥削悖论,是因为赖特在对资本主义社会进行阶级定位的过程中,采用了多重剥削维度。除了生产资料所有权之外，还出现了组织剥削和技术剥削。前文已经论述过，后两种剥削是缺乏足够依据的。而赖特之所以犯这种错误，其根源在于：没有把剥削植根于生产过程中。这一结论与赖特的理论立足点是不相符的，因为赖特在成熟期对阶级概念的理解中，曾明确指出"剥削的基础植根于生产关系之中"。

虽然赖特在谈论阶级问题时强调社会生产关系的重要性，也在大多数时候把剥削问题与社会生产直接关联，但是他的理论具有不彻底性。他在谈论剥削时只强调是"占有"关系和"物质利益"，指出"关键的问题是承认依靠对劳动成果的占有而把阶级关系连在一起的物质利益的对抗，并且在这个基础上，我把它称之为'剥削'"。① 这与他对剥削定义的三条标准相一致，只强调对剩余的"占有"，却忽视了生产过程独特的重要性地位。在谈论"剩余"思想时，赖特提到"由于以竞争决定生产成本的反现实概念来理解'剩余'思想的复杂性，我将一般地使用榨取和占有奴隶的词语来讨论剥削。这种构建概念的方式也突出了在剥削理论中处于核心地位的生产和交换之间的联系"②。这段话的第一句再次突出"占有"这一剥削思想中的核心词汇，第二句却指出了生产与交换在赖特的剥削理论中占着不分伯仲的地位。

因此，除了社会生产关系之外，赖特把交换关系也引入了剥削理论的阵地。虽然二者都强调对"剩余"的"占有"，但是生产领域的剥削描述是一种动态的"过程"，是对"活的"劳动力使用权的占有和支配；而交换领域的剥削描述的是一种"结果"，是对没有生命力的劳动成果的占有和统治。前者同时也凸显了剥削者与被剥削者主体间的对立关系和社会地位，这种对立是必然性的，是特定社会制度内无法消除的。而

---

① ［美］埃里克·欧林·赖特：《后工业社会中的阶级：阶级分析的比较研究》，陈心想、皮小林、杨玉明等译，沈阳：辽宁教育出版社 2004 年版，第 15 页。

② ［美］埃里克·欧林·赖特：《后工业社会中的阶级：阶级分析的比较研究》，陈心想、皮小林、杨玉明等译，沈阳：辽宁教育出版社 2004 年版，第 18 页。

发生在交换领域的剥削有可能是一种不平等交换，甚至是一种不平等分配，如果这两种不平等也可以成为剥削，那么剥削以及相关的阶级理论也失去其在历史唯物主义大厦中的本来意义。

这位自称捍卫马克思主义的学者，却由于受到韦伯主义市场理论的影响，而把交换上升到与生产相并列的地位。这也表明赖特在马克思与韦伯之间徘徊、努力调和二者理论以形成更完善的新理论的立场。正是这一立场，导致赖特在剥削与阶级问题上偏离了轨道。他说：“不平等的禀赋（社会的、经济的以及遗传上的）和信用获得上的限制意味着许多工作的收入将不与劳动力的生产和再生产成本相称。在这种情况下，社会剩余的一部分以较高的收入形式分配给了人们。”① 这段话正是赖特煞费苦心研究中间阶级矛盾定位的一个诱因，也正因如此，他在不经意间竟从“收入”和“分配”的角度谈论“剩余”与“剥削”，这偏离了他的初衷。赖特本意上并不赞成以收入来划分阶级，不幸的是，他却同样落入以“分配”论剥削的藩篱。也正是这样一种调和立场，促使赖特寻求“社会剩余的一部分以较高的收入形式分配”的原因，最终导致了组织剥削与技术剥削这种多重维度剥削论的出现。归根结底，这是赖特把马克思主义与韦伯主义结合的一个畸形产物。

此外，从理论根源上说，除马克思和韦伯外，结构主义是赖特未被人们发现的另一个思想来源。在早期的阶级理论研究中，赖特曾深入研究普兰查斯的著作，后者与阿尔都塞一样，同为结构主义者。在研究中间阶级的矛盾定位时，赖特曾遇困惑，他直言当时“重读了大量阿尔都塞的追随者关于处理阶级分析问题的理论著作，尤其是巴里巴尔的《历史唯物主义的基本概念》一文和普兰查斯的著作《政治权力与社会阶

---

① ［美］埃里克·欧林·赖特：《后工业社会中的阶级：阶级分析的比较研究》，陈心想、皮小林、杨玉明等译，沈阳：辽宁教育出版社2004年版，第18页。

级》和《当代资本主义的阶级》"①。并且受到巴里巴尔对生产资料"所有权"和"占有"的处理方式的影响，而萌生把对生产资料的控制区分为两个维度，即对物质生产资料的控制和对生产劳动的控制（即统治或监督）的想法，这一观念可谓是赖特组织剥削产生的最初思想源头。如果进一步扩展思维，相对于同样受到阿尔都塞结构主义影响而直接解构了阶级的拉克劳与墨菲的后马克思主义理论而言，赖特的这种多重维度剥削论已是对结构主义影响力挽狂澜的理论建构。然而，剥削本是马克思历史唯物主义大厦的一个基本理论范畴，赖特的新解释使其丧失了超越经济学的社会历史功能，也改变了阶级理论承载社会变革历史使命的意义。

总之，为了解决当代资本主义社会"中间阶级"的难题，赖特诉诸一种新的剥削理论，在借鉴并修改罗默一般剥削理论的基础上，他将罗默的剥削思想与马克思的剩余价值论相糅合，对剥削进行定义。在新的剥削理论基础上，他采用了三重剥削维度，对"中间阶级"进行"矛盾定位"，即一种阶级位置在不同的相对阶级关系内具有不同的定位，并勾勒出当代资本主义社会阶级定位的一张新图谱。这种阶级与阶层相结合的研究模式，是他试图继承马克思主义传统，将马克思与韦伯两种阶级传统结合起来的产物。同时，结构主义思想对赖特也产生了潜移默化的影响。在多种思想的共同影响下，赖特的阶级与剥削理论不免出现了纰漏与混乱，呈现出理论的不彻底性。然而，无论如何，赖特都开创了一种新的阶级研究模式，其很多理论与实证研究都具有非常大的学术价值，尤其是其"中间阶级"与"阶级关系中的矛盾定位"理论，为理解当代资本主义社会的阶级关系提供了一种新的思路。他的理论即使存在漏洞和误区，也是当代阶级研究中绝不可略过的一种阶级理论。

---

① ［美］埃里克·欧林·赖特：《阶级》，刘磊、吕梁山译，北京：高等教育出版社2006年版，第48页。

第三章　凸显当代资本主义社会阶级结构的实证维度

阶级结构是研究阶级问题的起点，其他阶级问题都是围绕着阶级结构而展开，或是会受到阶级结构的限制。以阶级结构框架为基础，赖特进行了大量实证研究。其中，对当代六个发达资本主义国家阶级结构的静态分析表明：工人阶级仍然占据着阶级结构中最庞大的阶级位置。而对美国1960—1990年间阶级结构的动态分析则表明：那些处于"矛盾地位"的"中间阶级"位置正在逐渐扩大。在进行动态分析的过程中，赖特提出了一个前提性假说，即马克思预测资本主义社会阶级结构将走向两极分化，最终依据实证研究结果，赖特得出马克思预测有误的结论。

然而，在经典马克思主义著作中，曾多次出现"中间阶级"人数将会增加的论述。关于两极分化的预测，赖特忽略了马克思提出的资本主义社会发展的两种模式理论，"两极分化"与"中间阶级"增长是资本主义发展不同阶段的不同走势。而赖特所得出的中间阶级逐渐扩大的结论，与当代许多其他学者的研究结论相悖。阶级结构是个复杂的问题，当代资本主义国家的阶级结构走向到底如何，还需我们仔细探究。

第一节　静态的阶级结构表明："工人阶级仍是最大的阶级"

在第二章确立的"十二种阶级位置"模型的基础上，赖特对当代资本主义社会的六个国家展开了一系列实证研究，这些国家包括美国、瑞典、挪威、加拿大、英国和日本。研究中，这六个国家在十二种阶级位置上的分布，对分析当代资本主义社会的阶级结构有很强的解释力。

六个国家的阶级结构分布图[①]如图3.1所示：

与生产资料的关系

	所有者	雇员			
10+	资产阶级	专家管理者	技术管理者	非技术管理者	管理者
2-9	小雇主	专家监督者	技术监督者	非技术监督者	监督者
0-1	小资产阶级	专家	技术工人	非技术工人	无权者

员工数（左侧） 与权力的关系（右侧）

专家　技术的　非技术的

与稀缺技术的关系

美国　样本数：1493

1.8	5.5	3.7	2.8	12.0
6.0	3.1	6.3	7.2	16.6
6.8	2.9	13.1	40.6	56.7
14.7	11.6	23.3	50.6	100.0

瑞典　样本数：1074

0.7	3.2	4.1	2.3	9.6
4.7	1.3	5.0	4.2	10.5
5.4	2.7	17.4	49.1	69.2
10.7	7.2	26.5	55.6	100.0

挪威　样本数：1522

0.8	4.5	4.1	3.5	12.4
2.9	2.9	3.7	3.8	10.9
10.3	4.2	21.0	37.4	72.6
14.0	12.7	28.9	44.3	100.0

加拿大　样本数：1779

1.0	5.3	3.9	2.5	11.7
3.2	2.2	4.9	3.7	10.8
13.5	2.8	21.7	35.4	59.9
17.7	10.3	30.5	41.5	100.0

英国　样本数：1146

2.1	2.4	6.9	2.6	11.9
5.1	2.1	6.8	4.5	11.9
5.7	1.5	16.6	42.7	60.8
14.0	5.9	30.3	49.8	100.0

日本　样本数：612

1.6	4.9	2.0	4.6	11.5
6.2	3.3	2.3	4.1	9.7
23.2	1.3	10.5	36.1	47.9
31.0	9.5	14.7	44.8	100.0

图3.1　六个国家的阶级结构分布图

注：每个表格右侧数字只代表雇员。因为这些数字不包含所有者，所以这些数字相加不等于100%。

① Wright E O, *Class Counts: Comparative Studies in Class Analysis*, Cambridge：Cambridge University Press, 1997, p.45.

需要指出的是，赖特对十二种阶级位置上的部分名称进行了改动（第二章所采用的为最初的"十二种阶级位置"模型，发表于 1985 年。而此处赖特的实证研究发表于 1997 年），除了资产阶级、小雇主、小资产阶级、专家管理者和专家监督者几个位置上的名称没有改变以外，其他阶级位置上的名称都有所改变，而改变后的名称更易于理解，在调研中也更易于操作。在名称有所改变的阶级位置中，除了最右下角位置由"无产阶级"变成了"非技术工人"，其内在含义和所指人群有所改变以外，其他几个阶级位置的内在含义和所指人群并未发生改变。最明显的改动是：赖特把原来的"半资格证书"改为"技术"，"无资格证书"改为"非技术"，所指更为明晰。赖特还直接把三种类型的资产直接描述为与生产资料、权力和稀缺技术的关系，这种描述也更容易理解。

赖特对生产资料所有者和雇员的阶级分布情况分别进行了分析。首先，赖特从财产维度出发，对占有生产资料的三个阶级位置——资产阶级、小雇主和小资产阶级进行对比分析。赖特将资产阶级定义为雇佣 10 个及以上员工的自我雇佣者，这一阶级位置在劳动力中所占比例在上述国家中一般不超过 2%，甚至在瑞典和挪威两国少于 1%。小雇主的定义是雇佣 2—9 个员工的自我雇佣者，这一阶级位置所占比例约为挪威、加拿大的 3%，瑞典、英国的 5% 和美国、日本的 6%，也就是说约有 3%—6% 的劳动力占据小雇主的阶级位置。如果将上述两个阶级位置合并到一起，在所调研的六个发达资本主义国家中，约有 4%—8% 的劳动力处于或多或少与资产阶级有联系的阶级位置上。如果进行国家间的对比分析，在这六个国家之中，瑞典的资本主义特征最少，约 5.4% 的劳动力处于资本家与小雇主的阶级位置上；美国的资本主义特征最浓，约 7.8% 的劳动力处在上述两个阶级位置上。

第三个阶级位置是小资产阶级，也就是雇员不超过一个的自我雇佣者，其在劳动力中所占比例从瑞典的约 5% 到日本的超过 23%，显然此处日本是个特例，其他五个国家的小资产阶级比例约为 5%—14%。综合占有生产资料的三个阶级位置情况来看，在上述六个发达资本主义国家中，约9%—22%的劳动人口占据社会中几乎所有的生产资料。

当然，各个国家的阶级结构也不完全相似，例如，日本的小资产阶级比其他五个国家都要庞大，而且分布于各个经济部门之中。在其他五国中，加拿大这一数据相对最高，瑞典最低。加拿大的自我雇佣比例较高完全归因于农业部门，如果把所有非农业部门合起来看，加拿大的自我雇佣率只有11%[①]，与其他几国相似。瑞典较低的自我雇佣率也源于劳动力部门的构成，只是瑞典并非因为农业部门，而是因为国家雇佣。瑞典的国家雇佣比例比其他几国高出20%左右，庞大的国家雇佣也直接影响了自我雇佣的比例。所以，加拿大自我雇佣率高和瑞典自我雇佣率低都是由部门经济造成的，而不是源于部门内的阶级分布差异。

基于上述分析，可以得出的两个基本结论：第一，日本的小资产阶级规模相对庞大。第二，对于另外几个国家而言，生产资料占有方面的不同分布主要源于劳动力部门（特别是农业部门和国有部门的规模）的差异，排除这一因素，各个国家部门内阶级分布差别不大。

其次是雇员的分布情况。在图3.1中，六国雇员在阶级位置分布上呈现出明显的区别，英国的专家管理者不到日本、美国和加拿大各国这一位置人数的一半，而瑞典则有明显大规模的非技术工人。当然，这种差异受到以下两个原因的影响，会有稍微加大差异的倾向。第一，不同国家的经济部门分布存在差异，这种差异不仅仅体现在自我雇佣率上，对雇员分布也会有影响。第二，在界定阶级结构的技术和权力维度的标准上，不同国家难以完全统一，并且也会存在一些操作中的不严格问题。为了减弱这些因素对雇员阶级结构分布的影响，赖特对雇员的阶级结构分布图进行了调整，他把极点处的阶级位置与紧挨着它们的两个阶

---

① 参见［美］埃里克·欧林·赖特：《后工业社会中的阶级：阶级分析的比较研究》，陈心想、皮小林、杨玉明等译，沈阳：辽宁教育出版社2004年版，第52—53页。

级位置进行了合并，就得到了"扩大了的专家管理者"和"扩大了的工人阶级"两个位置，如图 3.2① 所示。在调整后的雇员阶级结构分布图（图 3.2）中，国别差别明显减弱，各国的阶级结构分布呈现出大体的一致性。

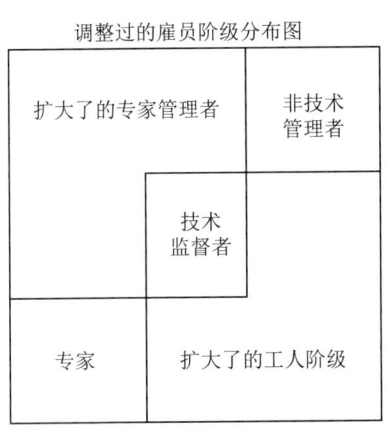

调整过的雇员阶级分布图

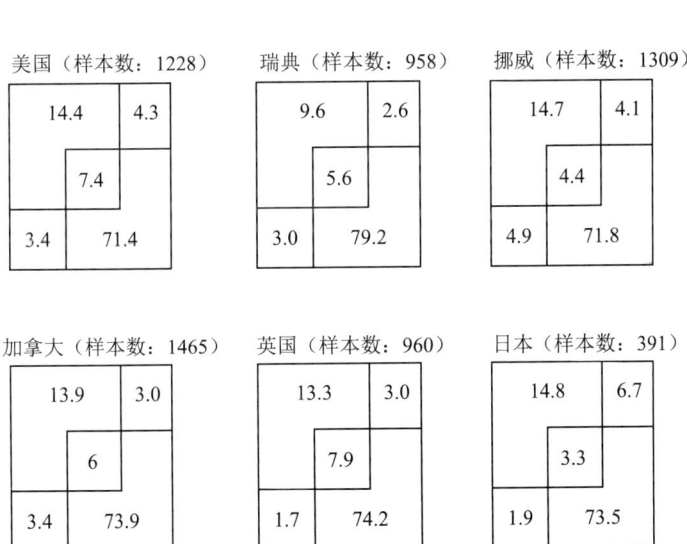

图 3.2　六国调整后的雇员阶级结构分布图

① ［美］埃里克·欧林·赖特：《后工业社会中的阶级：阶级分析的比较研究》，陈心想、皮小林、杨玉明等译，沈阳：辽宁教育出版社 2004 年版，第 56 页，图 2.2 稍加调整。

只有瑞典的数据和其他五国差别较大，在瑞典，有高达79.2%的雇员处于扩大了的工人阶级位置，而仅有9.6%的雇员处于扩大了的专家管理者位置。这一现象从部门因素、性别因素和年龄因素中都找不到合理的解释。最后赖特找到了两个相互关联的原因。第一，瑞典的阶级分布有个与众不同之处，即与其他国家相比，处于管理者或监督者位置上的雇员比较少，这一点尤为凸显在与美国的对比中。也就是说，瑞典工作场所中的权力分布较为集中，具有管理权力的工作职位相对较少。这一差别也有助于解释为什么瑞典有那么大规模的工人阶级，而管理者相对较少。

第二，相对于美国而言，瑞典管理等级制度较弱的一个可能的因素是，近40年来（截止到1997年赖特的著作出版为止）在瑞典存在的"阶级妥协"制度。社会民主党执政时期，瑞典社会劳资关系缓和，工人同意与资本家合作，同时资本家要保障最低失业率。而在美国，工人与管理者经常发生正面冲突，这就对工作场所的监督机制提出更高要求，结果就是出现了更多的监督者，而这一职位在瑞典则较少。

虽然瑞典与其他几个国家的阶级结构分布稍有不同，但是这并不影响我们的主要结论，即工人阶级及其附近的阶级位置涵盖了四分之三左右的雇佣劳动力，而所谓的"中间阶级"，即扩大了的专家管理者这一位置涵盖了约10%—15%。赖特还对阶级与性别、阶级与种族的关系进行了研究，这与本书关系不大，不作具体阐述。

综合生产资料所有者和雇员两方面的阶级结构分布情况，我们可以得到如下一些结论：在当代六个发达资本主义国家中，约9%—22%的劳动人口占据社会中几乎所有的生产资料；其中日本的小资产阶级规模相对庞大，而在其他五国这一位置的分布差异主要源于生产部门，如果排除这一因素，各个国家部门内财产维度的阶级分布差异不大。对于雇员而言，即使采用狭义的工人阶级定义，这一位置仍是发达资本主义国家中最庞大的阶级位置，而如果把它扩展到附近矛盾的阶级位置，扩大了的工人阶级就构成了雇佣劳动力中的四分之三左右，占了雇员中的绝大多数。更让人惊讶的是，除了瑞典以外，其他五国的雇员阶级分布竟然高度相似。瑞典社会由于其"阶级妥协"制度而稍有差异，其工人阶级更为庞大，这一特例也不影响我们的整体结论——工人阶级仍占据着社会劳动力中最大的阶级位置。而形形色色的后工业社会理论主张工人阶级正在逐步消失，本节的实证研究结论对这些主张形成了有力的回击。

第二节　动态的阶级结构表明：
"中间阶级"位置正在扩大

如果把赖特对当代资本主义社会的阶级结构研究分为两个维度：横向维度和纵向维度，那么前文对六个国家阶级分布的静态研究则为横向社会维度，而接下来对美国1960—1990年间阶级结构的动态分析则为纵向历史维度。赖特对纵向历史分析提出了两种假说：后工业社会理论假说和马克思主义传统的理论假说。而他的实证研究表明，"中间阶级"位置正在逐渐扩大。于是赖特根据他的两种假说，得出实证研究更支持后工业社会理论假说的结论。

一、两种不同的假说：后工业社会理论与经典马克思主义理论

赖特之所以提出"中间阶级"的问题，是因为理论界对此争议较大，其中还包含两种他认为针锋相对的论点。一是各种不同的后工业社会理论，这些理论有种种不同的叫法，如贝尔的"后工业社会"、辛格尔曼的"服务社会"等，然而它们对资本主义社会转变的描述却有相似的图景，即社会中无产阶级越来越少，技术工人比例越来越高，

不需要动脑的机械性工作越来越少，对知识的要求越来越高了。二是经典马克思主义理论，即阶级两极分化愈演愈烈，技术专家在劳动力中所占比例日益下降，工作越来越机械化，甚至技术领域都存在这种风险。

如果把两种不同的社会图景转化到赖特阶级研究的背景中，就是对阶级结构中不同阶级位置相对扩大和缩小的争论。具体说来，经典马克思主义关于劳动者贫困和资本积聚的理论，曾指出了三个直接影响劳动力分布的趋势。第一，资本主义的扩张将摧毁自我雇佣的生产者，即小资产阶级会逐步减少。第二，资本积聚和扩张将摧毁小公司，而大公司不断壮大，这一趋势意味着小雇主的减少和管理者的增多（尤其是专家管理者）。第三，为加强对劳动力的控制和压榨，资本家会减少技术劳动自主权，并在可能的情况下用非技术劳动代替技术劳动，这就要求加强监督机制。同时，技术从工人一方逐渐转移到管理者一方，必然导致专家管理者的增多。这样，生产过程中两极分化加剧，工人阶级逐渐扩大，监督者、管理者和专家管理者增多，而非管理者专家和技术工人减少。

由于阶级问题不是后工业社会理论关注的重点，所以这些理论对资本主义社会阶级结构的转变并没有系统的论述。然而，我们可以从后工业社会的理论逻辑中推导出一些位置上雇员的变化情况。在这种理论图景中，与工业资本主义相比，人们在工作中拥有了更多自由和自我管理权，这就意味着纯粹的监督者将会减少；而随着组织和决策复杂化程度的增加，管理类阶级位置将会扩大；同时，要求具备高水平专长的岗位会大量增多，在这个过程中，专家和专家管理者位置会扩大，而工人阶级的位置逐步缩小；在手工劳动领域中，会逐渐提高劳动的技术特征，因而高水平技术工人会增加。

对比上述两种理论，它们对雇员阶级位置的预测有相似之处，也有差异较大之处，后工业社会理论也有预测不明确的阶级位置。为了简明

起见，赖特把两种理论对阶级结构转变的预测纳入表格，如表 3.1①
所示：

表 3.1　美国阶级结构转变的假说

阶级位置	阶级分布变化预测	
	传统马克思主义的预测	后工业理论的预测
两种理论预测不同的阶级位置		
工人	增多	减少
技术工人	减少	增多
监督者	增多	减少
专家（非管理者）	小量减少	大量增多
两种理论预测相似的阶级位置		
管理者	增多	增多
专家管理者	增多	大量增多
预测上没有明确分歧的阶级位置		
小资产阶级	减少	不曾预测
小雇主	减少	不曾预测

两种理论对管理者和专家管理者的预测是大体一致的，都认为这两
个阶级位置的人会增加；而对工人、技术工人、监督者和非管理者专家
位置的预测有明显差异；从后工业社会理论中难以推测出小资产阶级和
小雇主的阶级变动走向。

二、实证研究倾向于支持后工业社会理论

为了检验上述两种理论假说孰优孰劣，赖特对美国 1960—1990 年的
阶级分布情况进行了实证研究。由于样本规模的局限性，在不影响整体
理论的情况下，赖特对十二种阶级位置中的八个位置进行了整合，只留
下雇主、小资产者、专家管理者、专家、管理者、监督者、技术工人和

---

① Wright E O, *Class Counts*: *Comparative Studies in Class Analysis*, Cambridge: Cambridge University Press, 1997, p. 59.

工人八个阶级位置，如图3.3①所示：

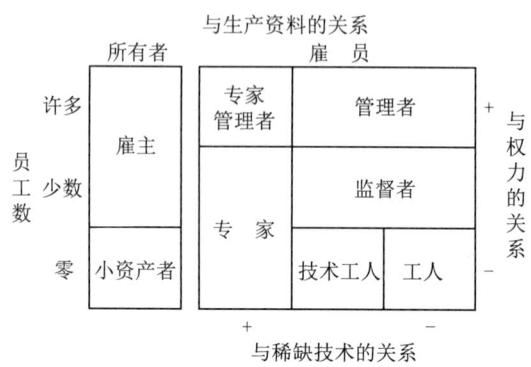

图3.3 阶级结构转变分析所用的阶级类别

关于美国这八个阶级位置在1960—1990 年间的阶级分布情况，实证调研如表3.2②所示：

表3.2 1960—1990 年美国的阶级分布情况

阶级位置	1960	1970	1980	1990
非所有者				
1. 管理者	7.50	7.57	7.95	8.25
2. 监督者	13.66	14.86	15.23	14.82
3. 专家管理者	3.87	4.41	5.06	5.99
4. 专家	3.53	4.53	5.49	6.90
5. 技术工人	13.46	14.08	12.92	12.77
6. 工人	44.59	45.13	44.05	41.38
全部工人（5, 6）	58.08	59.21	56.97	54.15
所有者				
7. 小资产者	5.54	4.09	4.53	5.19
8. 雇主	7.86	5.33	4.77	4.71

---

① ［美］埃里克·欧林·赖特：《后工业社会中的阶级：阶级分析的比较研究》，陈心想、皮小林、杨玉明等译，沈阳：辽宁教育出版社2004 年版，第100 页。
② ［美］埃里克·欧林·赖特：《后工业社会中的阶级：阶级分析的比较研究》，陈心想、皮小林、杨玉明等译，沈阳：辽宁教育出版社2004 年版，第101 页。

在基本实证数据的基础上，赖特采用了"变化分担"的分析方法①，加入了对劳动力跨时间变化的"部门变化"成分、"阶级变化"成分和相互作用成分的分析，得出了下述的调研结果。

在 20 世纪 60 年代，研究数据对两种理论都给予了一定的支持。与两者预测都一致的是，管理者和专家管理者增加。与马克思主义理论预测一致的是，自我雇佣的两个阶级位置（雇主和小资产阶级）都缩小了。其他的四个阶级位置争议较大：与后工业社会理论预测一致的是，专家这一阶级位置迅速扩大；而符合马克思主义理论预测的是，监督者和工人这两个阶级位置都扩大了；技术工人的情况相对复杂，表面数据看来与后工业社会理论预测一致，是增长了近 6%，然而通过具体变化因素的分解分析，其"阶级变化"效应是下降的②，与马克思主义劳动退化理论的预测相符合。这样一种混合的变化结果，赖特认为对后工业社会理论预测的支持比对马克思主义理论预测的支持要多一些。

20 世纪 70 年代的研究结果比较支持后工业社会理论的预测。专家管理者、专家和管理者增加；监督者的增长率则比上个十年降低，尤其是其"阶级变化"成分接近于零；这一阶段的工人阶级减少，这既与部门内的"阶级变化"成分相关，也与部门之间的分布有关。上述几种阶级位置的变化都支持后工业社会理论的预测。这一阶段表面看起来支持马克思主义理论预测的论据是：技术工人减少了。然而这一变化并非由非技术工人位置的扩大而产生，而是源于专家位置的扩大，这一变化继而又支持后工业社会理论的预测。

20 世纪 80 年代的阶级位置变化情况则完全支持后工业社会理论的

---

① 详见［美］埃里克·欧林·赖特：《后工业社会中的阶级：阶级分析的比较研究》，陈心想、皮小林、杨玉明等译，沈阳：辽宁教育出版社 2004 年版，具体方法详见第 98—99 页 3.2 节内容，研究数据详见第 102 页，表 3.3。

② 详见［美］埃里克·欧林·赖特：《后工业社会中的阶级：阶级分析的比较研究》，陈心想、皮小林、杨玉明等译，沈阳：辽宁教育出版社 2004 年版，第 102 页，表 3.3。

预测。工人阶级位置显著下降；技术工人"阶级变化"成分上升；监督者的"阶级变化"成分下降；专家管理者增加。种种变化都符合后工业社会理论的预期。

为了更清晰地看到不同阶级位置的发展变化，重点分歧的阶级位置上三个十年的阶级分布变化率如图3.4① 所示：

工人	2%	−1%	−5%
技术工人	−1%	−9%	2%
监督者	5.5%	0.5%	−2.5%
专家管理者	8%	14%	22%

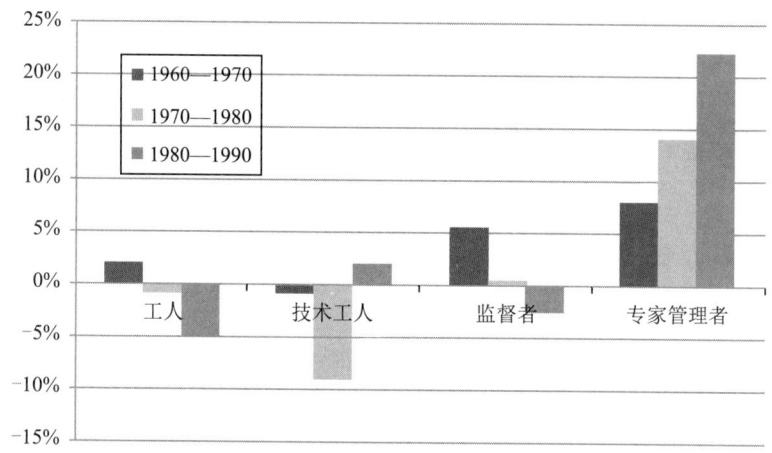

图 3.4　部分雇员阶级位置分布中三个十年变化率的阶级转变成分

赖特认为，从整体上看，这些分析结果明显与马克思主义理论的预测相悖。在实证调研的三个十年中，工人阶级不但在减少，而且这种减少还在加速；这种减少不仅是就业从制造业向服务业转移的过程，关键

---

①　Wright E O, *Class Counts*: *Comparative Studies in Class Analysis*, Cambridge：Cambridge University Press，1997，p. 62.

的是制造业自身的工人阶级也在加速减少。

　　这一结果给马克思主义的理论预测带来了很大的挑战，赖特提出了几种可能的理论回应。第一，是否所采用的衡量标准有问题而导致巨大的偏差，因缺乏足够证据证明这种方法有大的理论缺陷，他否定了这种可能。第二，当代的资本主义具有国际特征，而调研中以国家（美国）为单位，这可能会提供一个歪曲了的阶级结构变化轨迹。第三，资本主义阶级关系以一种传统马克思主义理论没有预测到的方式发生改变。虽然榨取工人的剩余劳动仍是阶级问题的关键，但是在生产力高度发展的情况下，这不再导致劳动退化。

　　即使存在这三种可能的回应，也并不代表美国社会资本主义特征的减少，因为资本家仍然占有生产资料、投资仍然依据利润最大化的市场原则配置、工人仍然被排除在对生产过程的控制之外，工人阶级尽管存在下降趋势，却在1990年仍占据劳动力的40%左右，如果算上技术工人，扩大了的工人阶级超过总劳动力的一半。然而，赖特认为，这些研究结果显示的是这样一条发展轨迹，即在当代发达资本主义社会中，阶级关系中的矛盾位置正在扩大，未来资本主义社会的阶级结构将日益复杂化，而不是回归两极分化的阶级模式。

第三节　赖特实证研究的疏漏：忽视
马恩阶级研究的晚期结论

　　在对当代发达资本主义国家的实证考察中，赖特通过静态的横向分析和动态的纵向分析，得出工人阶级仍是最大阶级和中间阶级正在扩大的结论，并且指出马克思对中间阶级发展趋势的预测有较大偏差。那么，马克思关于中间阶级发展趋势的预测是否如赖特所说呢？赖特的实证研究数据是否毫无争议呢？本节将考察这些问题。

一、关于马克思和恩格斯对"中间阶级"发展趋势的预测

在本章第二节中，赖特提出了两种理论假说，其中关于经典马克思主义理论假说的基本预设是：马克思认为资本主义社会的发展趋势是两极分化愈演愈烈，并由此推导出一系列阶级位置的变化走势。其中探讨的关键位置是阶级关系中的矛盾位置，也就是所谓的"中间阶级"。在赖特的理论假说中，一方面，他依据经典马克思主义理论推导出监督者、管理者和专家管理者增多，而非管理者专家和技术工人减少；另一方面，他又将马克思的预测直接精简为"两极分化""中间阶级"位置会逐渐缩小。后者的概括过于笼统，也并不符合马克思与恩格斯的思想，因为在很多地方马克思与恩格斯都承认阶级结构具有复杂性。

在《资本论》中，马克思提出了关于资本主义社会阶级结构发展的两种模式：一是资本积累造成财富与贫困两极分化的早期模式；二是资本主义社会中间阶级不断壮大的晚期模式①。与这两种模式相对应的，资本主义社会的中间阶级也存在两种发展趋势，即早期模式中的逐渐减少和晚期模式中的逐渐增多，这两种预测趋势在经典马克思主义原著中都有据可循。

在早期模式中，马克思和恩格斯预测中间阶级逐渐减少和消失。在《国民经济学批判大纲》中，恩格斯指出："中间阶级必然越来越多地消失，直到世界分裂为百万富翁和穷光蛋、大地主占有者和贫穷的短工为止。"② 在《共产党宣言》中，马克思、恩格斯指出，或是因为小资本竞争不过大资本家，或是因为其工艺落后而被淘汰，导致"以前的中间

---

① 李琳：《政治哲学视阈中的中产阶层》，北京：中国社会科学出版社2011年版，第50页。

② 《马克思恩格斯文集》（第1卷），北京：人民出版社2009年版，第470页。

阶级的下层，即小工业家、小商人和小食利者，手工业者和农民——所有这些阶级都降落到无产阶级的队伍里来了"①。在《法国的动产信用公司》中，马克思指出："资本的积聚加速了，其必然结果就是，小资产阶级的破产也加速了"②。恩格斯在 1892 年致维克多·阿德勒的信中提到："大工业、大资本家和庞大的无产阶级群众正在人为地制造出来，资本集中正在加速进行，'中间阶级'正在被消灭。"③ 可见，在早期模式中，中间阶级不断地面临破产和消失，无产阶级的队伍不断被壮大，社会日益分裂为两大阵营——资产阶级和无产阶级。

而在晚期模式中，马克思和恩格斯预见到"中间阶级"发展的一种新趋势。在《剩余价值理论》中，马克思指出：随着机器的采用和生产率的提高，资本家花费在非生产劳动中的费用增加，"结果仆人和其他靠非生产阶级的钱过活的劳动者就会增加……美妙的前景越来越把一部分工人变为仆人"④，"无产阶级的一小部分上升为中等阶级"⑤。更值得一提的是，同是在《剩余价值理论》中，在涉及中间阶级增长的评论中，马克思批评李嘉图"忘记指出：介于以工人为一方和资本家、土地所有者为另一方之间的中间阶级不断增加，中间阶级……直接依靠收入过活，成了作为社会基础的工人身上的沉重负担，同时也增加了上流社会的社会安全和力量"⑥。他批判马尔萨斯；"他的最高希望是，中等阶级的人数将增加，无产阶级（有工作的无产阶级）在总人口中占的比例将相对地越来越小（虽然它的人数会绝对地增加）。马尔萨斯自己认为这种希望多少有些空想，然而实际上资产阶级社会的发展进程却正是这

① ［德］马克思、恩格斯：《共产党宣言》，中共中央马克思恩格斯列宁斯大林著作编译局译，北京：人民出版社 1997 年版，第 35 页。

② 《马克思恩格斯文集》（第 1 卷），北京：人民出版社 2009 年版，第 584 页。

③ 《马克思恩格斯文集》（第 10 卷），北京：人民出版社 2009 年版，第 630 页。

④ 《马克思恩格斯全集》（第 34 卷），北京：人民出版社 2008 年版，第 644 页。

⑤ 《马克思恩格斯全集》（第 33 卷），北京：人民出版社 2004 年版，第 280 页。

⑥ 《马克思恩格斯全集》（第 26 卷第 2 册），北京：人民出版社 1973 年版，第 653 页。

样。"① 由此可见，经典马克思主义预测到，在资本主义社会发展的某一阶段，中间阶级将会扩大。

由于马克思还没来得及系统地阐述阶级问题便与世长辞了，然而通过上述一些引证可以看出，马克思并没有把资本主义社会的阶级结构发展趋势定格到"两极分化"的格局之中，而是看到了阶级结构变化的复杂性，甚至在行文中直接提及"中间阶级"增长之意就有几处。那么，是否这种观点与两极分化的提法相矛盾呢？如前文所述，马克思提出过资本主义社会在不同发展阶段有不同阶级模式，而阶级结构也会随之变化，所以，两种不同的发展趋势并不矛盾。而且，在两种模式中，马克思所指的"中间阶级"也有变化。

二、马克思和恩格斯对"中间阶级"的描述

本书第二章曾提到，赖特认为马克思对阶级结构的抽象分析（两极分化）与具体事态分析（多种社会阶级角色）之间存在一种断裂，从某种意义上讲，赖特认为马克思对"中间阶级"的关注不够，甚至忽略了"中间阶级"。赖特的这种提法并不恰当，据相关学者统计，马克思和恩格斯在"《英国工人阶级状况》《德意志意识形态》《社会主义从空想到科学的发展》和《德国的革命和反革命》等八篇文献（英文版）中，论及'中间阶级'（Middle class）的地方就达 232 次之多，其中在《德国的革命和反革命》《英国工人阶级状况》《社会主义从空想到科学的发展》中分别有 65、39、30 处之多"②。所以说，无疑马克思和恩格斯关注到了中间阶级的问题。

那么，马克思和恩格斯对"中间阶级"是如何界定的呢？事实上，马

---

① 《马克思恩格斯选集》（第 2 卷），北京：人民出版社 2012 年版，第 218 页。
② 史为磊：《马克思恩格斯"中间阶级"思想及其当代价值——基于马克思主义经典文本的考察》，载《求实》，2014 年第 2 期，第 4—8 页。

克思和恩格斯对"中间阶级"没有严格统一的称谓，"而是交替使用了
'中间阶层''中间等级''中间阶级''中等阶级''中等阶层''中等社
会阶层''中等资产阶级''小资产阶级'等多个概念"①。本书所指的
"中间阶级"在马克思和恩格斯著作的德文版中是"mittlere klasse"，英文
版中是"middle class"。然而，尽管马克思和恩格斯没有对"中间阶级"
进行定义，我们也能从他们的著述中了解到他们对中间阶级的理解。

在早期模式中，马克思和恩格斯的"中间阶级"有两种用法。第一
种用法是把中间阶级等同于早期资产阶级，如他们使用过"工商业中间
阶级即资产阶级"② 和"中间阶级或资产阶级"③ 的提法，此处的中间
阶级指的是不同于封建地主和农奴的早期资产阶级。第二种用法通常指
介于资产阶级和无产阶级之间的各个阶级，主要指小资产阶级，我们所
说的早期模式的中间阶级主要指这一用法。马克思指出："除了资产阶
级和无产阶级以外，现代大工业还产生了一个站在它们之间的中间阶
级——小资产阶级。"④ 这一论断可以有两种理解：一是"中间阶级"
即"小资产阶级"，二是"小资产阶级"是"中间阶级"的其中一个阶
级。在《共产党宣言》中，马克思和恩格斯对中间阶级具体所指进行过
描述："中间等级，即小工业家、小商人、手工业者、农民，他们同资
产阶级作斗争，都是为了维护他们这种中间等级的生存，以免于灭
亡"⑤。而后来恩格斯又提到："由于城乡中等阶层，小资产者和小农的
破产，使有财产者和无财产者之间的鸿沟更加扩大了。"⑥ 这里，恩格斯
把中等阶层概括为小资产者和小农。可见，马克思和恩格斯所指的中间

① 史为磊：《马克思恩格斯"中间阶级"思想及其当代价值——基于马克思主义经典文本的考察》，载《求实》，2014 年第 2 期，第 4—8 页。
② 《马克思恩格斯全集》（第 11 卷），北京：人民出版社 1995 年版，第 436 页。
③ 《马克思恩格斯全集》（第 11 卷），北京：人民出版社 1995 年版，第 14 页。
④ 《马克思恩格斯全集》（第 21 卷），北京：人民出版社 2003 年版，第 103 页。
⑤ [德] 马克思、恩格斯：《共产党宣言》，中共中央马克思恩格斯列宁斯大林著作编译局译，北京：人民出版社 1997 年版，第 38 页。
⑥ 《马克思恩格斯选集》（第 4 卷），北京：人民出版社 2012 年版，第 408 页。

阶级主要在于描述当时的社会情况，而根据资本主义发展的不同情况，其具体所指也略有不同，从总体上说，其"中间阶级"指的是介于资产阶级和无产阶级之间的阶级群体，其核心要素为小资产阶级。

除此之外，马克思还预测到：在资本主义发展的晚期模式中，会出现一些新的介于资本家与工人之间的阶级。随着生产力的发展和生产社会化的演进，新的企业组织结构将会出现；同时，银行业的发展和股份制的出现，使私人资本逐步"公有化"，出现了社会资本取代私人资本的新趋势。在《资本主义生产的总过程》一文中，马克思就指出："随着信用而发展起来的股份企业，一般地说也有一种趋势，就是使这种管理劳动作为一种职能越来越同自有资本或介入资本的所有权相分离。"[①]在《资本论》中，马克思也提到："资本主义生产本身已经使那种完全同资本所有权分离的指挥劳动比比皆是"[②]，这种分离即催生了新兴管理者和白领阶层，以致马克思指出"'我们的工业制度的灵魂'不是产业资本家，而是产业经理"[③]，可见马克思清晰地预测出晚期资本主义模式管理者增多的倾向。此外，马克思还提到，"工程师、机械师……是高级的工人，其中一部分人有科学知识，一部分人有手艺，他们不属于工厂工人的范围，而只是同工厂工人聚集在一起"[④]。在这里马克思指出工程师、机械师等与工人不同，虽然没有明确把他们归类到中间阶级，却也是不同于工人、介于资本家与工人之间的一个新的阶级。

新阶级的出现是马克思的一种预测，其组成人员不同于传统的小资产阶级，而可能是国家机构中的工作人员、警察、军人、企业管理者、律师、学者和医生等。由于时代的局限，马克思不可能十分精确地描述晚期资本主义模式中的中间阶级，然而他预见到将会有与小资产阶级不

---

① 《马克思恩格斯选集》（第 2 卷），北京：人民出版社 2012 年版，第 561—562 页。
② 《马克思恩格斯全集》（第 25 卷），北京：人民出版社 1974 年版，第 435 页。
③ 《马克思恩格斯全集》（第 25 卷），北京：人民出版社 1974 年版，第 434 页。
④ 《马克思恩格斯全集》（第 26 卷第 3 册），北京：人民出版社 1974 年版，第 461 页。

同、介于资本家与工人之间的新的阶级出现。马克思没有明确将这些人称作"中间阶级",然而如前小节所述,他在《剩余价值理论》中多次提到未来资本主义社会中间阶级将会增多。那么我们是否可以将这些人等同于中间阶级呢?

三、马克思和恩格斯所谓"新阶级"是不是"中间阶级"?

通过前两小节的论述,我们可以得到一个结论:赖特关于马克思对中间阶级的预测的前提设定是有误的。马克思明确指出随着资本主义社会发展进程的推进,中间阶级的人数会增加,因此赖特关于马克思对中间阶级的理论描述是不全面的。接下来我们要探讨另外一个问题,即对于马克思和恩格斯而言,这些"新阶级"到底是工人,还是中间阶级?

首先,在当代资本主义社会中,介于资本家和工人之间的阶级到底该如何定位?毫无疑问,当代资本主义社会中存在赖特所探讨的"中间阶级"问题,即存在那些需要"矛盾定位"的阶级位置。这既是一个经验事实,也是马克思所承认的。即使马克思由于时代的局限,不能精确地描述出这些人群,他也直接提到了"产业经理""工程师、机械师⋯⋯"等,所以,需要探讨的介于资本家与工人之间的阶级无疑是存在的。那么,这些阶级到底是不是"中间阶级"呢?这在经典马克思主义的著作中,我们可以看到两种说法。

一方面,从剥削与分工的角度看,这些看似不同于工人的新阶级依然属于"生产工人"的范畴。在《1844年经济学哲学手稿》中,马克思提到:"无产和有产的对立,只要还没有把它理解为劳动和资本的对立,它还是一种无关紧要的对立,一种没有从它的能动关系上、它的内在关系上来理解的对立,还没有作为矛盾来理解的对立"①。这段话表明

———————————

① 《马克思恩格斯全集》(第3卷),北京:人民出版社2002年版,第294页。

了马克思的两个观点：第一，资本与劳动的对立是资本主义生产关系的轴心；第二，马克思把有产与无产的对立，理解为资本与雇佣劳动的对立。恩格斯在《英国工人阶级状况》中也指出："我也经常把工人（Workingmen）和无产者，把工人阶级、没有财产的阶级和无产阶级当作同义词来使用。"① 恩格斯把工人与无产阶级画等号，主要是因为工人不占有生产资料，是雇佣劳动者，同无产阶级一样站在资本的对立面。而资本与劳动的对立体现在资本对劳动的剥削，如马克思所说："资本并没有发明剩余劳动"②，但是资本引起了"对剩余劳动的无限制的需求"③。从这个意义上讲，"产业经理""工程师、机械师……"等人同样站在资本的对立面，遭受着资本主义的剥削。

此外，从分工的角度看，这些新的阶级不过是与工人分工不同的雇佣劳动者。在《剩余价值理论》中，马克思指出，不同角色的生产劳动者不过是在完成物质生产总过程的某个环节，"打下手的辅助工人，同原料的加工毫无直接关系；监督直接进行原料加工的工人的那些监工，就更远一步；工程师又具有另一种关系，他主要只用自己的头脑劳动，如此等等。……所有这些劳动者合在一起，作为一个生产集体，是生产这种产品的活机器……他们用自己的劳动同资本交换，把资本家的货币作为资本再生产出来"④。这里的"监工""工程师"都是不同于传统工人的角色，然而他们也只是劳动者的一部分。"资本主义生产方式的特点，恰恰在于它把各种不同的劳动，因而也把脑力劳动和体力劳动，或者说，把以脑力劳动为主或者以体力劳动为主的各种劳动分离开来，分配给不同的人。但是，这一点并不妨碍物质产品是所有这些人的共同劳动的产品，或者说，并不妨碍他们的共同产品对象化在物质财富中；另

---

① 《马克思恩格斯文集》（第1卷），北京：人民出版社2009年版，第387页。
② 《马克思恩格斯文集》（第5卷），北京：人民出版社2009年版，第272页。
③ 《马克思恩格斯文集》（第5卷），北京：人民出版社2009年版，第272页。
④ 《马克思恩格斯文集》（第8卷），北京：人民出版社2009年版，第418页。

一方面，这一分离也丝毫不妨碍：这些人中的每一个人对资本的关系是雇佣劳动者的关系，是在这个特定意义上的生产工人的关系。所有这些人不仅直接从事物质财富的生产……并且还直接为资本家创造剩余价值。"① 所以，从分工的角度看，"产业经理""工程师、机械师"等人与"监工"和"工程师"一样，都是不同分工下的雇佣劳动者，他们都不占有生产资料，是"具有不同价值的劳动能力"②。

另一方面，马克思还说过，工程师、机械师等不属于工厂工人的范围。如前文所述，"工程师、机械师……他们不属于工厂工人的范围，而只是同工厂工人聚集在一起"③。在这里，尽管马克思没有明确提及"阶级"二字，却也清晰地指出了"工程师、机械师等不属于工厂工人的范围"，他们是不同于工人的另一类人群。

所以，我们从马克思和恩格斯的著作中，找出了两种论点相反的论据，这不免让理论陷入了困境。然而，还有一条线索是清晰的，即中间阶级会扩大这一论断是确定无疑的。扩大包括两个方面：一是人数增加，二是种类增多。关于人数增加，马克思不止一次提及，如批判马尔萨斯时所说的"中等阶级的人数将增加"。关于种类增多，在批评李嘉图时，马克思所说的那句话包含了大量信息，"不断增加"的中间阶级"直接依靠收入过活"，显然新增的中间阶级中，有一部分不是小资产阶级或农民等传统的中间阶级，而是新出现的阶级。事实上，马克思的这句话直接承认出现了一批介于工人与资本家、土地资本家之间的新阶级，这些新阶级就是中间阶级。而且，综合上下文的各种理论细节，我们可以推断出，管理者（"产业经理"）、监督者（"监工"）和技术专家（"工程师、机械师"）等人都是马克思所说的会扩大的中间阶级的一部分，是新的中间阶级。

---

① 《马克思恩格斯文集》（第 8 卷），北京：人民出版社 2009 年版，第 418 页。
② 《马克思恩格斯文集》（第 8 卷），北京：人民出版社 2009 年版，第 418 页。
③ 《马克思恩格斯全集》（第 26 卷第 3 册），北京：人民出版社 1974 年版，第 461 页。

然而，承认这些人是中间阶级，就与马克思和恩格斯的剥削与分工理论相矛盾。如果马克思来得及系统地阐述阶级问题，或许这一矛盾可以通过类似这种方法得到解决，即产业经理、监工和工程师等人通过持有股权的方式占有生产资料。

此外，赖特实证研究数据的可靠性也是存在争议的。事实上，对于赖特所得出的资本主义国家中间阶级正在扩大这一结论，在理论界并没有达成普遍共识。2013—2014 年，皮凯蒂的新书《21 世纪资本论》掀起了经济学界的轩然大波。皮凯蒂对过去 300 年来欧美国家的财富收入做了详尽研究，通过大量数据表明，资本主义国家贫富差距正在逐渐拉大，并且会日益严重。而贫富差距拉大的同义语就是中产阶级（或中间阶级）的减少。这一观点不仅仅为皮凯蒂所持有，日本著名管理学家、经济评论家大前研一也持这一观点。大前研一认为，在全球化的世界中，富者的财富快速攀升，而"随着资源重新分配，中产阶级因失去竞争力，而沦落到中下阶层，整个社会的财富分配，在中间这块，忽然有了很大的缺口，跟'M'的字型一样，整个世界分成了三块，左边的穷人变多，右边的富人也变多，但是中间这块，就忽然陷下去"①，并消失不见了，就像"M"字型一样。

学术界持中产阶级正在下降观点的学者不在少数，不仅如此，也有很多数据支持这一观点。2003 年，伦敦市政府的咨询报告指出，过去 10 年间伦敦的收入差距持续拉大。2007 年，英国约瑟夫·朗特利基金会（专注社会政策与发展的志愿机构）发表报告称，英国当时正面临着 40 年来最严重的贫富差距现象。美国的情况与之相似。从 1979 年到 1997 年，美国最富有的 1% 家庭，其财富收入的 1%，等于社会底层 2000 万家庭的收入总和。另据美国有线电视新闻网 2007 年 8 月报道，

---

① 《M 型社会使中间阶层凹陷当警》，http://blog.sina.com.cn/s/blog_6825f7990100iixp.html。

2006 年"美国大公司总裁的平均工资去年为 1080 万美元,相当于普通工人平均工资 29544 美元的 364 倍。在 1989 年,前者的是后者的 71 倍多"①。据新浪财经报道,根据《福布斯》公布的数据,2018 年美国最富有的"三位富豪拥有的财富数量与年收入后 50% 的美国人(美国的 50% 人口数量为 3.27 亿,家庭数量为 6300 万个)一样多,其中,'净资产为零或为负'人数占比超过 1/3"②。可见,有诸多数据表明,当代发达资本主义国家的贫富差距正在加大,中间阶层呈减少之势。这些研究数据与赖特的实证研究数据是有差异的,然而,我们稍加注意就会发现,这些支持中间阶级正在下降的数据结论研究时间大多在赖特的研究时间之后,这或者说明有研究者得出与赖特研究相左的结论,或者说明自 1960 年以来,美国(作为资本主义国家的代表之一)中间阶级的发展出现了先升后降的趋势。

综上所述,赖特通过对六个发达资本主义国家阶级结构的静态比较研究,得出工人阶级仍是最大阶级的结论;通过对美国 1960—1990 年间各个阶级位置的动态变化分析,得出中间阶级位置正在扩大的结论。而在动态研究过程中,赖特的一个前提性假说是:马克思预测资本主义阶级结构将走向两极分化。赖特的这一假说忽略了经典马克思主义原著中的一些论述,马克思曾经提到:随着资本主义发展进程的推进,中间阶级人数将会增多。并且马克思预测到"产业经理""工程师、机械师""监工"等角色的出现。然而马克思没有明确把这些角色定义为"中间阶级",这些角色该如何定位的问题,恐怕就像马克思到底对资本主义社会阶级结构走势如何预测一样,一时难以有定论,毕竟马克思也曾多次提到资本主义社会将会走向两极分化的阶级结构。由于马克思和恩格

---

①　《全球化视野中的中国之二,自由化、贫富差距和中产阶级的消失》,http://blog.sina.cn/dpool/blog/s/blog_4ac6bec001000d3a.html。

②　《贫富差距大到惊人!美国前 3 名富人财富等同于后 50% 人全部财富》,来自新浪财经,https://baijiahao.baidu.com/s?id=1655718834616606155&wfr=spider&for=pc

斯生活时代的局限性，不可能精确预测出阶级结构的具体情况，然而从马克思和恩格斯的论述中可以看出，阶级结构走向是有阶段性的，在资本主义发展的某一阶段，两极分化的走势更加明显，在另一阶段，中间阶级会有一些新的发展状况。阶级结构的发展由很多因素决定，资本主义生产方式固然是最根本的决定因素，政治、文化等其他因素也会影响阶级结构的发展。而关于中间阶级的发展趋势，其他很多学者得出和赖特相左的结论，不同的研究方法和样本可能都会对研究数据有影响，然而我们唯一能确定的结论是：工人阶级仍是当代资本主义社会的最大阶级，资本主义因素在这些国家中没有丝毫减弱，只会愈演愈烈。

第四章 阶级意识与阶级形成

除了阶级结构之外，阶级意识与阶级形成也是赖特关注的重点问题。在早期的西方马克思主义研究中，卢卡奇就试图唤醒无产阶级的革命意识。而资本主义社会发展到现在，工人阶级的革命意识愈发减弱，赖特立足于当代阶级实践，从理论和实证两方面研究影响阶级意识形成的因素。然而，赖特似乎仅仅从揭示现状的角度进行理论建构与实证研究，并没有提出唤醒工人阶级阶级意识的理论使命和促进工人阶级形成的理论策略。

在研究中，赖特主要遵照了两种思路：一是延续本文传统的阶级结构分析框架进行研究；二是分析了第一种研究思路与汤普森式阶级意识导向思路的差别与利弊。第一种思路延续他所确立的阶级结构分析的基本框架，以"位置"为中心、客观物质利益为导向，分析了阶级位置对阶级形成的影响。在研究中，赖特不改他一贯的研究风格，先进行了理论预设，继而做出实证研究。而在汤普森的阶级意识与阶级形成理论中，汤普森主要从个人阶级经历出发，从文化角度探讨个人经历对阶级形成的影响。赖特对汤普森的研究思路与他结构性研究思路进行了对比，二者一个从客观物质利益出发，一个从主观认同导向出发，在阶级意识导致阶级形成的不同考察方式中各自发挥着作用。仅仅从一种角度出发，研究难免不全面，赖特试图将二者结合起来。

第一节　阶级意识与阶级形成的
基本理论

　　传统马克思主义认为，从一定意义上说，阶级结构决定了阶级斗争的模式，而阶级斗争与生产力的发展水平共同决定了社会变迁的轨迹。一些反对者则认为，阶级结构不过是影响阶级斗争的众多因素中的一个，并不占据关键性影响因素，而意识形态、国家、民族关系等也是影响阶级斗争的重大因素。赖特在研究阶级意识与阶级形成的关系时，立足于这样一种基本理念，即阶级结构是阶级斗争的根本性决定因素，但是同时也有许多其他因果关系从时间和空间上都起到重大的影响作用。这一理念被赖特转化为具体的理论研究模型，模型的核心理念是：把"阶级位置与阶级意识之间的微观关系"同"阶级结构与阶级形成之间的宏观关系"[①] 联系起来。

一、基本概念界定

　　在进入具体的理论模型之前，赖特对一些基本概念进行了界定和厘清。由于阶级位置、阶级结构、阶级实践和阶级斗争等概念前文都有所涉及，此处首先是对阶级形成与阶级意识具体所指进行界定，其次对模型中的解释模式——限制、选择和转变进行说明。

1. 阶级形成

　　赖特的"阶级形成"有两方面的含义：既可体现阶级形成的"过程"，又可指代一个阶级的形成"结果"。在两种情况下，阶级形成都是

---

　　① ［美］埃里克·欧林·赖特：《后工业社会中的阶级：阶级分析的比较研究》，陈心想、皮小林、杨玉明等译，沈阳：辽宁教育出版社 2004 年版，第 384 页。

指"在追求阶级利益的阶级结构中集体组织的社会力量的形成"①。如果说阶级结构是通过不同的阶级位置在社会关系中的对抗性来定义的话，那么阶级形成则是通过阶级位置在阶级结构中的合作性关系来诠释。赖特认为，阶级形成构成了阶级结构与阶级斗争之间的关键链条。当然，可能有个体行动的阶级斗争，但是由于单独行动的斗争能力较弱，通常人们试图形成某种团体，阶级形成是提高阶级斗争能力的一种途径。

从上述意义上理解，阶级结构与阶级形成的关系有点像马克思所说的自在阶级与自为阶级。然而，这两组概念是有区别的，马克思所说的自在阶级与自为阶级，与无产阶级革命斗争的目的论相联系。而赖特所说的阶级形成，是对客观阶级团体的一种反映，不带有任何革命目的性。对于任何给定的阶级或阶级位置群体，我们可以描述其阶级形成是强或是弱，是一致的或是分裂的，是革命的或是改良的。

典型的阶级形成是创立正式的组织，如政党和公会，这些组织把阶级结构中同一阶级位置或不同阶级位置之间的人们联系起来。但是阶级形成不仅仅局限于正式的组织。在追求阶级利益过程中，任何有利于把人们团结到一起行动的集体组织，都是一种阶级形成。例如，社会俱乐部、教堂、社团等。阶级形成也不仅仅局限于相同阶级位置的人们之间，也可能跨越阶级位置边界而形成。同时，阶级形成也包括阶级联盟。无论是反映一个过程，还是反映一种结果，阶级形成都在阶级结构与阶级斗争中起到了至关重要的作用。

2. 阶级意识

粗略地看，通常来说阶级意识有两种理解方式，一是阶级作为群体性实体而被赋予的特征，二是作为个体的阶级成员所具有的属性。前者如卢卡奇总体性的阶级意识，而赖特所探讨的阶级意识，则主要为后一

---

① ［美］埃里克·欧林·赖特：《后工业社会中的阶级：阶级分析的比较研究》，陈心想、皮小林、杨玉明等译，沈阳：辽宁教育出版社2004年版，第385页。

种用法。

赖特主要从微观角度探讨阶级意识，他用这一术语指称"个人主观性的特定方面"①。当阶级意识进入宏观领域时，它或者用来形容个体意识在相关群体内的分布模式，或者用来描述群体的中心倾向性，而无论是哪一种解释，阶级意识都是通过解释成"个人选择和行为的方式"②而起作用的。赖特也特别澄清，强调阶级意识的微观概念，并不是说超个人的社会机制不重要，而只是说它们不该在"意识"范畴内概念化。集体，包括阶级形成，其本身并没有意识，因为它们不是有思想、能抉择的有机实体。个体意识在社会中的分布在很多方面具有重要意义，然而，意识的"分布"不是"意识"本身，所以赖特通常不从群体性实体的角度谈论阶级意识。

我们首先分析什么是"意识"。在赖特的理论中，"意识"主要是指个体的主观精神因素。此处的意识是与"非意识"相对而言，非意识不能随意地进入个人精神生活的许多方面。而意识的要素——信仰、观念、意见、偏爱、信息、理论等，也不会持续存在于一个人的意识中，然而它们可以进入个人意识。赖特的"意识"（Consciousness）概念与"意志"（Will）和"意向性"（Intentionality）有密切的联系。说某些因素可以进入意识，就是说通过意志活动，个体能够意识到这些因素。当人们在众多可选方案中做出选择时，最终的选择方案至少部分地可以通过进入行动者意图的特定意识要素来进行解释。虽然意识无法还原为意向性的问题，但是意识之所以能够进入社会解释，主要是因为其与"意向"密不可分的联系以及由此导向的行动选择。然而我们不能说主观性完全依靠有意识地选择而发挥作用，还有很多其他心理机制影响行动者

---

① ［美］埃里克·欧林·赖特：《后工业社会中的阶级：阶级分析的比较研究》，陈心想、皮小林、杨玉明等译，沈阳：辽宁教育出版社2004年版，第389页。

② ［美］埃里克·欧林·赖特：《后工业社会中的阶级：阶级分析的比较研究》，陈心想、皮小林、杨玉明等译，沈阳：辽宁教育出版社2004年版，第389页。

的行为。而赖特要研究的是：为了理解联结社会结构与社会实践的真实机制，就要对做出有意识选择的社会行动者的主观基础进行剖析，即研究人们的意识。

其次是在上述"意识"理解下的"阶级意识"。顾名思义，阶级意识即意识中具有某种阶级特征的因素。意识的阶级特征通常有两方面内容：第一，个体信仰中存在着与阶级相关的方面，即阶级信仰；第二，这些特征主要指影响个体在既定结构的阶级关系中如何行动的那些方面。意识的阶级维度与意向、选择和实践有着密不可分的联系，这三者也可称为"相关阶级影响"。意识的阶级特征的这两种含义都与阶级意识有关，然而具体列举出与阶级意识相关的诸多意识却不太可能，因为这些意识在某种程度上与具体的阶级实践相联系。"如果把社会结构理解为决定行动者客观物质利益的社会关系的场所，把阶级斗争理解为试图实现客观物质利益的社会实践的形式，那么，阶级意识就可以被理解为带有阶级内容的主观过程，该过程决定于那些客观物质利益和斗争相关的有意识选择。"① 尽管阶级意识颇为抽象，却也可以通过下述几个要素进行理解和把握，因为行动者在做出有意识的选择时，通常涉及这三种主观性维度。

第一，知觉和观察（Perceptions and observations）。从某种意义上看，意识选择来源于对周围世界信息的处理。人们总是会有主观性地感知到"存在什么"，这一过程会自动选择地淘汰掉主体不感兴趣的信息。譬如，一些员工认为雇主会定期给员工涨工资，也有员工认为雇主只关心工厂是否盈利。这些观念都是阶级意识的某个方面，因为这些潜在的意识暗含了工人可能对雇主的阶级实践做出反应的不同方式。"阶级意识"涉及各种与阶级内容相关的知觉，并会对阶级行动造成重要影响。

---

① ［美］埃里克·欧林·赖特：《后工业社会中的阶级：阶级分析的比较研究》，陈心想、皮小林、杨玉明等译，沈阳：辽宁教育出版社 2004 年版，第 391 页。

第二，后果理论（Theories of consequences）。感知到某一事实还不足以促使人们做出选择，行动者还会考虑行动的预期后果。这里多指行动者的主观推测，而这种推测可能是"实用性的"而不是抽象的理论推测。比如，工人会认为为了建立工会而与雇主作斗争没有意义，因为雇主不会同意，斗争会失败。从历史上看，资本主义社会的工人对社会主义和共产主义也抱有这样类似的信念，他们认为统治阶级过于强大，他们的斗争不会胜利，所以工人不会参与这种预期"无意义"的行动。

第三，偏好（Preferences）。知觉和推测仍不是解释一个特定意识选择的充分依据。人们会有主观偏好，也就是对行动结果的优点进行评价。行动结果的优点当然与个人的客观物质利益相关，但是也不必把这一偏好完全理解为利己主义偏好，因为偏好会体现个人深层思想中的共享、认同意向，这些意向也包含对他人福利的赞同。从这个意义上看，"阶级认同"是此处体现出的阶级意义的一个突出方面，个人偏好包含阶级认同，即对同一阶级内部其他成员福利的关心。

依据这三种主观性维度，人们可以发展出与其阶级利益相关的复杂的阶级意识。在这种阶级意识的定义下，赖特从微观角度出发，设定测量阶级意识的各种理论假说，挖掘当代资本主义社会各个阶级位置的阶级意识。

3. 模型中的解释模式——限制、选择与转变

赖特以模型为核心工具对阶级意识与阶级形成进行研究，模型中涉及几个关键的术语，此处提前做出解释。用赖特的话说，主要依据三种"决定模式"来描述模型各要素之间的因果关系，这三种模式是：限制（Limit）、选择（Select）和改变（Transform）。

关于限制与改变，可以通过图 4.1[①] 的辩证关系得以说明。结构对

---

① Wright E O, *Class Counts*: *Comparative Studies in Class Analysis*, Cambridge: Cambridge University Press, 1997, p. 198.

实践设定界限，而实践则会改变限制它们的结构。在这一背景下，限制意味着：在既定的社会结构中，某些实践不可能发生，因为它们处于"界限"（Limits）之外。但界限主要是指结构会对各种实践发生的概率产生影响。而在"结构"这一判定中，"限制"更多是指结构中包含各种障碍与便利条件、鼓励与刺激、风险选择与易得机会，这些客观存在都会对行动者的实践产生影响，它们会使某些实践更容易，而使另一些实践更难或者根本不可能发生。

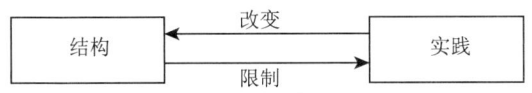

图 4.1　结构与实践的辩证关系

改变意指实践对结构的冲击与影响。结构是人类介入的客观对象，因为结构会限制某些客观实践，所以人们会依据他们的利益而试图影响或改变这些结构，这些结构可能是国家这种宏观结构，也可能是指一个公司甚至一个车间这种微观结构。"结构"与"实践"是一种基本的辩证结构，改变过程体现着人类主观能动性的作用。经典马克思主义认为，人类创造了历史（即实践改变结构），但是不能随心所欲（因为结构限制实践）。在结构与实践的辩证关系中，限制与改变的意义也从抽象变得具体起来。

第三种解释模式是"选择"，赖特把它定义为"限制的限制"，赖特的这一解释颇为巧妙。当人们遇到多种结构与实践发生作用时，就要做出选择。譬如，如图 4.2① 所示，有两个结构 X 和 Y，结构 X 对实践施加限制，而结构 Y 选择这些限制内的实践。在极端的案例中，结构 Y 甚至将可选实践缩小到只有一种可能，在这种情况下，结构 Y 就"决定"

---

① 　Wright E O, *Class Counts：Comparative Studies in Class Analysis*, Cambridge：Cambridge University Press，1997，p. 199.

（Determine）了结构 X 所施加限制内的实践。而通常情况下，"选择"意味着缩小可能性范围。

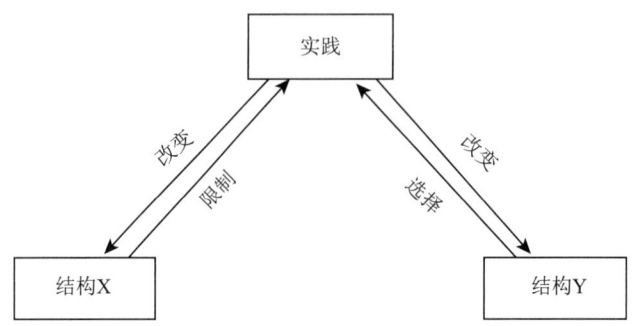

图 4.2 决定的形式：限制、选择、改变

赖特运用限制、改变和选择这三种解释模式，建立起研究阶级意识与阶级形成的各种模型。依次是："阶级位置、阶级意识和阶级实践关系"的微观模型、"阶级结构、阶级形成和阶级斗争关系"的宏观模型，并继而通过"构成"与"调节"的概念对微观模型与宏观模型进行辩证分析，同时也使阶级意识与阶级形成之间建立起辩证的联系。

二、微观模型：阶级位置影响阶级意识

赖特以开门见山的方式直接建立起一个关于阶级意识的微观模型，如图 4.3① 所示，"阶级位置"在其中扮演了重要角色。这一模型可以这样解读：阶级位置对其所属位置上的个人意识施加限制，同时也会限制他们的阶级实践；阶级意识又在阶级位置所施加的限制内选择具体的阶级实践；从而阶级实践改变了阶级位置和阶级意识。这一链条中的每一种因果关系依次解释如下：

---

① Wright E O, *Class Counts*: *Comparative Studies in Class Analysis*, Cambridge: Cambridge University Press, 1997, p. 200.

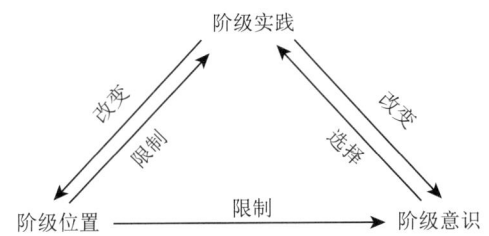

图 4.3　阶级位置、阶级意识和阶级实践关系的微观模型

1. 阶级位置影响阶级意识

某一特定阶级位置上的职权，会使人比其他人更容易形成某种形式的阶级意识。在极端的情况下，对某些特定阶级位置上的个人来说，一些形式的阶级意识甚至根本不可能维持下去。工人会认为工会的存在相当有必要，而资本家通常不会赞同这种意识。生活在特定的阶级位置上，其知觉及关于社会如何运作的推测等观念都会形成直接的价值判断，这就是阶级位置对阶级意识的影响。然而，也不排除其他因素的介入会抵消阶级位置因素对个人意识的影响。然而，从总体上说，特定的阶级位置会限制、影响到个人的阶级意识。

2. 阶级位置限制阶级实践

为了满足个人的客观物质利益，个人会展开一系列实践活动，然而这些活动必然从具体的阶级位置出发，阶级位置限制了活动的可行性方案。例如工人，他们的阶级位置不占有生产资料，为了获取生活所需，通常他们会找一份支付薪酬的工作。当然，也有一些更容易的选择，例如有人选择了犯罪，有人选择了依靠福利救济生活。然而，有另一些选择是非常困难或者根本不可能的，例如开办工厂，贷款创立企业对于大多数工人来说是根本不可能的。还有工人选择投资培训以提高其技能，或者选择加入工会投入集体实践活动中。这些行动因其所在阶级位置的影响而会有一些容易，有些较为困难。

3. 阶级意识影响阶级实践

最终选择哪一种行动方案，还是依赖于个人的自主选择。其选择主要依据知觉、推测和价值观，从这种意义上说，意识仍是做出决定的关键因素。因此，个人已经形成的阶级意识对阶级行动有很大的影响。

4. 阶级实践改变阶级位置

阶级活动可以改变个人的现状，一方面，阶级行动可能产生阶级向上或向下的流动，从而直接改变阶级位置；另一方面，个人也可能改变阶级位置的具体特征。前者如工人的孩子通过努力读书获得高学历，继而获得好的工作而上升为中间阶级。后者如个人可能通过提高其技能或由于资历增加而获得物质福利的增长，或是工作条件的改善，这也是改变阶级位置的案例。

5. 阶级实践改变阶级意识

在经典马克思主义理论中，有这样一种观点：工人在生产商品的同时生产了他自身。这句话是对个人阶级实践"改变"阶级意识的经典诠释。阶级意识不仅受到所处位置的影响，而且也深受所从事活动的影响。个人在实践活动中，直接形成了阶级意识，所以说阶级实践改变阶级意识。

逐条解释使阶级位置、阶级意识与阶级实践三者之间的辩证关系更为清晰。而在赖特的实证研究中，主要关注阶级位置与阶级意识之间的关系。在图4.3的微观模型中，阶级位置经由直接和间接两种方式塑造阶级意识：一是直接影响；二是经由限制阶级实践，通过实践改变阶级意识。阶级位置限制了人们获取物质资源的范围，从而也在这种意义上决定了人们的物质生活条件，诸如生活舒适度、工作压力与适宜度、个人的温饱等。从这种意义上说，阶级位置塑造了人们的生活环境与社交网络，而后者会对阶级意识形成有力的冲击。最直接的是，阶级位置对人们在追求物质利益实践中面临的各种问题产生影响。例如，资本家需要担忧来自竞争者的挑战，他们思考如何最大限度压榨工人的劳动，如何有效利用各种资源。工人必须考虑可能面临的失业，担忧是否技术跟不上时代的发展。而通常所说的同一阶级成员拥有共同的利益，是指他们在获取物质利益过程中面临着相似的战略选择，从而容易形成统一的信仰。因而，环境决定了意识，阶级位置影响了人们的阶级意识。

而且，人们不仅仅面临着战略性思考，他们也要采取战略行动，行动过程也会直接塑造个人意识。管理者不仅面对激励下属努力工作和讨好上司的处境，他们也要做出实际行动，例如对下属赏罚分明，对上司曲意逢迎。工人的担忧也会化为实际行动，例如参加工会争取更多的权益。于是，阶级意识从直接和间接两条路径形成，一方面，客观物质条件和人们面临的处境直接形成了阶级意识，即阶级位置；另一方面，人们做出的实际行动形成了阶级意识，即阶级位置。当然，阶级意识的形成还有个时间性问题，即阶级意识不是个人当下阶级位置和阶级实践的直接产物，而是此前经历乃至受上一辈经历影响的结果。事实上，意识问题应该与适当的心理学机制联系起来，例如埃尔斯特关于如意算盘与偏爱的认识机制①就是一种心理学机制解释。

微观的阶级意识模型在赖特阶级意识与阶级形成研究中占据着重要地位，这并不意味着宏观的阶级形成相对次要，赖特的这种理论安排应该有三方面的原因：第一，赖特此处研究的侧重点在于"阶级意识"在阶级形成中的重要作用；第二，从方法论上讲，赖特更喜欢做微观分析；第三，这也是受实证研究限制的一个结果，虽然测量阶级意识不容易，但是当阶级形成作为一个"过程"时，直接测量阶级形成更像是天方夜谭。尽管如此，这一微观模型也只是整体模型中的一部分，要见阶级意识与阶级形成之间关系的全貌，必须明白阶级形成的宏观机制，以

---

① ［美］乔恩·埃尔斯特：《理解马克思》，何怀远等译，北京：中国人民大学出版社2008年版，第16—18，329—344页。

及微观与宏观机制之间是如何相互作用的。

三、宏观模型：阶级结构影响阶级形成

宏观模型的研究客体不再是个体阶级意识，而是阶级形成与阶级斗争的集体形式。与微观模型相似，宏观模型围绕着结构限制实践、实践反过来改变结构的因果逻辑而展开，如图 4.4 所示。在这一模型中，阶级结构对阶级形成与阶级斗争施加限制；在这些限制下，阶级形成选择具体的阶级斗争模式；而阶级斗争又反过来改变了阶级形成与阶级结构。各种逻辑形式的具体发生作用方式如下：

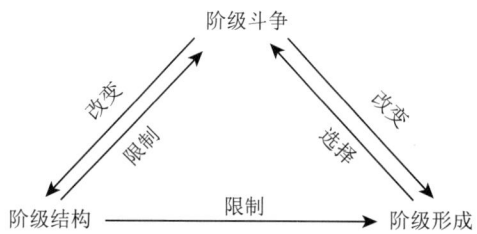

图 4.4　阶级结构、阶级形成和阶级斗争的宏观模型

1. 阶级结构限制阶级形成

说阶级结构限制阶级形成，是指阶级结构对任何可能的阶级形成都会提供机遇与施加障碍。在某一特定的阶级结构中，某些阶级形成比较容易创立，并且一旦创立也相对稳定，而另一些阶级形成则较难创立或是创立之后也不稳定。这一限制过程有三种核心机制：第一，由阶级结构所形成的物质利益；第二，阶级结构中不同阶级位置上人们的认同模式；第三，阶级结构造就了资源分配的形式，这对潜在的阶级联盟形成了吸引力。前两种机制从微观个体角度塑造对阶级形成的影响，第三种机制则从宏观集体维度影响阶级形成。

第一种机制关于物质利益，经典马克思主义理论认为，经济结构中

的基础剥削机制决定了人们的物质利益。回想赖特的"十二种阶级位置"分布模型，模型中相近阶级位置上的人，通常有更多一致的物质利益，而距离较远的阶级位置之间，通常物质利益的对抗性更强。而把物质利益相一致的阶级位置联系在一起的阶级形成会相对容易，把物质利益相差悬殊的阶级位置联系在一起的阶级形成则比较困难。例如，把"十二种阶级位置"分布模型中左上角的资本家与右下角的工人联系在一起的阶级形成是很难实现的，因为他们没有一致的物质利益需求。当然，这并不意味着物质利益是决定阶级形成的充分条件，它是和其他影响阶级形成的机制共同发生作用的。

第二种机制是认同。如果说物质利益是通过客观实在影响阶级形成的话，那么第二种机制则是通过主观感受影响阶级形成。认同机制以人们判断谁是潜在的朋友、谁是潜在的敌人为中心，影响阶级形成的构建。在物质利益机制下，相似度较高的阶级位置之间的阶级形成更容易实现，与之相似，阶级认同也会在很大程度上沿着阶级利益的思路发展。然而，与物质利益机制不同的是，阶级认同的形成有太多复杂的影响因素，包括个人经历、阶级斗争的历史模式及其他一些影响个人归属的社会特征，因而诸如民族、宗教、种族、语言、地理位置等诸多因素的交互作用共同决定了一个人的阶级认同感。通过主观的阶级认同，阶级结构决定了阶级形成实现的可能性。

第三种机制是资源。前两种机制主要从微观个体角度出发，谈论客观和主观上影响阶级形成的因素，第三种机制则着眼于阶级结构的宏观特征，此处的资源机制主要强调与阶级形成和阶级斗争相关的跨阶级资源分配。对工人阶级而言，最重要的资源是大量阶级成员，组织和财源是其次的。但是，人数也不是全部，财源也非常重要，中间阶级具有财源优势，因此很多工人政党投入很大精力去吸纳中间阶级加入。资源分配的不同，使一些跨阶级的联盟成为可能。

剥削机制决定了物质利益分配的不同，生活经验影响了阶级认同、资源分配的不同，为潜在阶级联盟的形成提供了吸引力，这三种机制结合在一起共同影响了阶级形成。赖特还分析了各种不同组合情况下阶级形成的可能性，见图4.5①。前两种可能的阶级形成模式是与阶级结构本

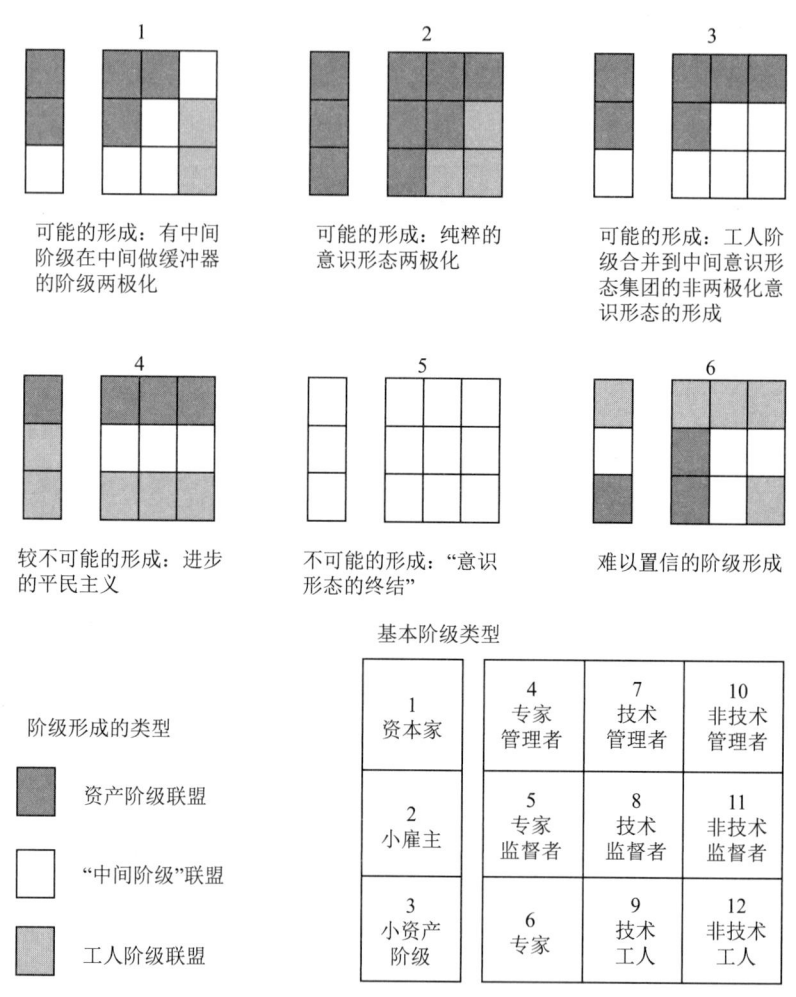

图 4.5　可能和不可能的阶级形成

---

① Wright E O, *Class Counts：Comparative Studies in Class Analysis*, Cambridge：Cambridge University Press, 1997, p. 208.

身严格对应的，阶级形成的组合直接反映了物质利益结构。第一种模式，将总体阶级形成分为三个部分：资产阶级联盟、中间阶级联盟和无产阶级联盟；第二种模式则是两极分化的阶级形成模式；在第三种模式中，工人被整合到中间阶级意识形态中；第四、五种模式是基本不可能出现的，第四种模式的总体思路是：管理者和资本家形成同盟、监督者占据中间阶级、小资产者与工人形成平民联盟；第五种模式是跨阶级的全民一致的意识形态，更是不可能实现的大同世界；在第六种模式中，工人把资本家与管理者拉入工人阶级阵营，这显然更不现实，而非管理者专家与小资产阶级形成资产阶级联盟也有些不合常理，这也是不可能发生的阶级形成模式。

赖特对阶级结构限制阶级形成的阐述比较详尽，因为阶级形成是宏观模型中的核心问题。而且，在阶级结构、阶级形成与阶级斗争三者的关系中，只有阶级结构与阶级形成之间是单向流动的关系（阶级结构限制阶级形成），而阶级斗争与二者之间都是双向互动的辩证关系。

2. **阶级结构限制阶级斗争**

这一解释模式的一个极端反例是：如果一个社会中不存在阶级关系，当然就不可能发生阶级斗争。如果不存在资本主义阶级关系，当然也不存在工人与资本家之间的斗争。阶级结构决定了行动者的物质利益和社会机遇，这些都会对潜在的阶级斗争产生影响。赖特曾专门研究阶级边界的渗透性（阶级流动）问题，在不占有生产资料的阶级位置中，处于不同位置的人上升到更高等级阶级位置的可能性是不同的，而打破阶级边界的难易程度也对集体斗争的形成有很大的影响。例如，两极分化的社会更容易发生激烈的阶级斗争，而中间阶级占多数的社会则相对稳定，所以，阶级结构深刻影响着阶级斗争的模式。

3. **阶级形成选择阶级斗争**

虽然阶级结构限制了阶级斗争，但是真正阶级斗争的发生必然要经历行动主体的选择，阶级斗争的行动主体通常不是个体，而是具体的阶级形成组织。赖特举例指出，独裁的右翼政体通常对集体组织（尤其是工会和政党）比较关注并保持警惕性，当这些阶级形成的组织被破坏时，各种劳工运动就比较容易控制。所以，阶级斗争的真正发生还依赖于集体组织。

4. 阶级斗争改变阶级结构

阶级斗争与阶级结构之间的关系是互动性的。阶级结构限制阶级斗争，阶级斗争反过来也会改变阶级结构，这是阶级斗争的行动目标。在极端情况下，剧烈的阶级斗争如果摧毁之前的社会统治者，那么整个社会结构将会发生彻底的改变。被剥削者小范围的阶级斗争如果成功，通常也会争取到某些方面的阶级利益，与此同时也会使整个社会的阶级结构发生不同程度的变动。经典马克思主义理论所持的"阶级斗争是阶级社会发展的动力"观点，其核心理论机制也在于阶级斗争可以改变阶级结构。

5. 阶级斗争改变阶级形成

除了争夺物质利益以外，有时候阶级斗争也会直接针对妨碍阶级斗争的组织本身，这也是普沃斯基阶级理论研究中的一个核心议题。普沃斯基曾说："①阶级的形成是阶级斗争的一个结果；②阶级形成的过程是永久不断的：阶级不断地被组织、被解散及被再组织；③阶级形成是总体斗争的一个结果，在斗争中，许多不同的历史行动者都试图把同一批人变成阶级成员，或是用其他术语定义的集体成员，有时候仅仅简单地是'社会'成员。"① 因此，有时候阶级斗争本身是为了增加所在组织的阶级成员，这种阶级斗争不是为了争夺物质利益，而仅仅是改变阶级形成。

---

① Wright E O, *Class Counts*: *Comparative Studies in Class Analysis*, Cambridge: Cambridge University Press, 1997, p. 210.

这就是以阶级形成为核心的宏观分析模型，而赖特的研究目标在于研究阶级意识与阶级形成之间的关系，所以单纯的微观模型和单纯的宏观模型都不足以说明理论目标中的问题，为了清晰展现阶级意识对阶级形成的影响，赖特将微观模型与宏观模型辩证地结合起来。

四、宏观模型与微观模型的结合："构成"与"调节"

事实上，宏观模型与微观模型之间本就有着不可分割的密切联系。宏观模型中阶级结构对阶级形成的影响，潜在地依赖这一假设性前提，即个人的客观物质利益和生活经验在很大程度上是由阶级位置决定的；而微观模型中阶级位置限制个人的阶级实践，也依赖于对下述问题的论证：在不同阶级位置上的个人在面对机会与困境时，如何为了追求物质利益做出最好的选择。机会与困境不仅仅是个体的问题，这涉及宏观的社会结构。所以，宏观结构与微观个体之间存在着千丝万缕的联系。

赖特用"构成"与"调节"的关系来解释宏观模型与微观模型之间的联系，如图4.6[①]所示。微观模型的运行过程构成了宏观模型的微观基础，而宏观模型的运行过程对微观模型起到调节作用。

通俗来说，宏观与微观的关系也就是整体与部分的关系。对此赖特持这种观点：整体等于各个部分之和加上各个部分之间的相互作用。他反对埃尔斯特等一些分析马克思主义者所主张的"方法论个人主义"，他批评方法论个人主义认为所有宏观现象都可以还原为微观现象，这种还原论的思想很可笑。因为整体还包括各个部分之间相互作用的特征，而不是一个个部分并列加总的集合，所以并不是所有的整体都可以还原为部分。在本章讨论的模型中，研究宏观现象的微观基础，就要弄清楚微观基础及其相互间关系组合起来的方式。

---

① Wright E O, *Class Counts*: *Comparative Studies in Class Analysis*, Cambridge: Cambridge University Press, 1997, p.212.

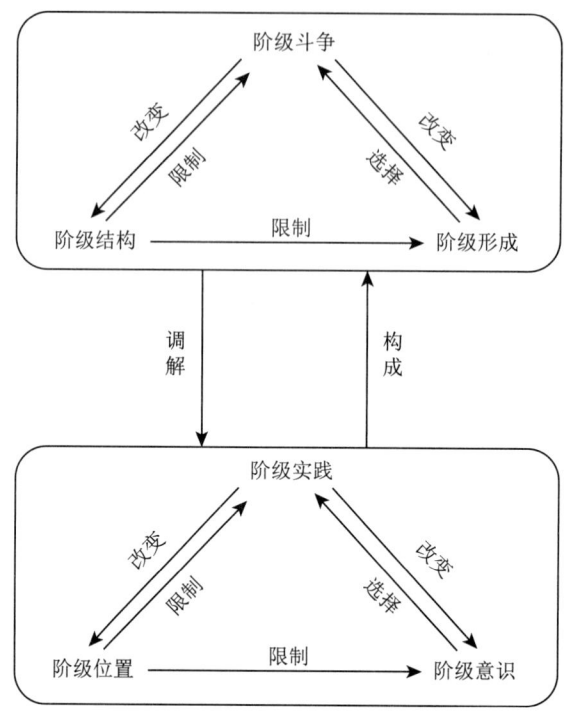

图 4.6　阶级分析中宏观和微观的关系

　　阶级结构这一宏观客体，其微观构成是阶级位置上的个人、位置的特征及其之间的相互作用。因此，要研究阶级结构的微观基础，就要探寻个人属性、战略选择和行动，分析其相互作用的方式。例如，工人不占有生产资料，为了生存就要被雇佣而获得生活来源。资本家为了利润就要压榨工人的剩余劳动，并调度各种资源以在与其他资本家的竞争中保持不败。工人、资本家各自的选择与行为都与其阶级位置以及由此衍生的特征有着密切的关系。而不同阶级位置上的人及其关系属性就构成所谓的宏观"阶级结构"。

　　阶级形成，是由其集体成员所构成的，这些成员带有不同的阶级意识、为了实现各自的利益而聚集到一起。探索阶级形成的微观基础，就要探寻这一集体的形成过程、其形成过程中在追求不同利益时合作的方式、其不同的阶级意识形成相互依赖的方式及促因。

宏观模型的第三个要素是阶级斗争，其发生标志是集体行动。研究其微观基础是要研究参与斗争的成员的个人属性、选择机制以及构成集体行动方式。以工会发起一次罢工为例，在行动发生之前，内部需要经历一系列讨论：工会内部成员之间的利益不一致问题、工会成员团结一致的条件、普通成员与领导层之间的关系等。阶级斗争的微观基础相对复杂，可以说，阶级斗争是在阶级结构与阶级形成中个人所有选择与实践交互作用的条件下发生的。

探讨宏观现象的微观基础只是图4.6整体模型图的一个方面，其另一个方面是宏观对微观的调解过程。之所以说宏观现象调解微观过程，是因为微观过程的进行取决于其所发生的宏观背景。在微观模型（图4.3）中，最核心的一条机制是阶级位置限制了阶级意识，而阶级位置影响阶级意识的方式主要是由其所发生的宏观背景条件所限定的。例如，在工人阶级没有形成组织的阶级结构中占据一个工人阶级的位置，与在工人阶级形成特定组织的阶级结构中占据一个工人阶级的位置，两种位置上工人的意识是不同的，也就是说，阶级形成对意识的形成也会产生影响。这不仅表示阶级形成对阶级意识有影响，更重要的是，阶级位置对阶级意识的影响是随着宏观条件的改变而改变。为了强调此处"调节"的真正作用机制，赖特采用了两个对比公式来解释。如果仅仅把阶级形成对意识的影响理解为位置影响之外的另一个因素，那其因果逻辑公式是这样的：

意识 = a + B_1［阶级位置］ + B_2［阶级形成］

其中，B_1 和 B_2 是调节变量对意识影响的系数。而在"调节"起作用的情况下，公式应该是这样的：

意识 = a + B_1［阶级位置］ + B_2［阶级形成］ + B_3［位置 X 构成］

其中，B_3 是指阶级形成宏观背景对阶级位置影响的系数。这一公式阐明了宏观条件对微观模型的影响方式。

宏观模型的微观基础与微观模型的宏观调节作用相互影响与互动，二者在辩证的联系中形成了整体模型的运行模式。从微观层面上看，阶级位置对阶级意识有着深刻的影响；从宏观层面上看，阶级结构对阶级形成起着决定性的作用，而且宏观背景条件对微观阶级位置与阶级意识有着潜在的巨大影响。这三条因果关系是本节三个模型的核心，也是赖特接下来要进行实证研究的理论对象。

第二节　对瑞典、美国和日本阶级意识与阶级形成的实证研究

理论总是从现实中产生，又为新的现实服务，在二者之间还有一个环节，就是理论正确性的检验。本章第一节阐述了赖特的三个模型，这三个模型颇为抽象，为了证明其逻辑正确性，赖特对其进行了经验验证。赖特把三个模型中的理论应用到瑞典、美国和日本的阶级意识与阶级形成实证研究中。这一研究主要有三个目标：第一，检验阶级位置与阶级意识之间的关系，与赖特所划分的资本主义阶级结构框架相匹配的程度；第二，比较瑞典、美国和日本阶级形成模式的异同；第三，检验三个国家意识形成的微观、多元变化方式。这三个目标分别对应前文模型中的三种因果逻辑关系：即"阶级位置—限制——→阶级意识"、"阶级机构—限制——→阶级形成"和"宏观—调节——→微观"。根据研究目标，赖特先进行具体的理论假设，随后根据经验数据分析调查结果。

一、实证研究的理论预设

为了实现上述三个总体实证研究目标，赖特对每个问题都分别进行

细化，并且提出各自的理论假说和具体研究任务。具体说来是关于下述三个问题的经验调查分析：阶级位置与阶级意识的关系、阶级形成、阶级意识。

1. 阶级位置与阶级意识的关系

本书的第二章阐述了赖特对当代资本主义社会基本阶级结构的划分，这一划分过程依据人们与物质剥削机制之间的关系。如果基于这种结构划分下的阶级位置决定了个人的利益与生活，并且物质利益又在很大程度上决定了个人的阶级意识，那么，阶级位置与阶级意识之间的关系应该是系统的、有规则的。这一推理基于下述假设：阶级位置通常具有这样的一种功能，即让位置上的个人发展出与其所属位置物质利益相一致的阶级意识。

赖特的这一假设若以"十二种阶级位置"模型为例，当一个人沿着某一剥削维度从剥削者位置走到被剥削者位置时，个人从意识形态上将会更加倾向于批判资本主义制度。并且，个人所受剥削越重，这种反对意识会越明显。因此赖特提出一种经验假说：反对资本主义的程度与阶级位置存在对应关系。依据这一假说，在"十二种阶级位置"模型中，赖特根据此处的研究目标提出三种具体假说：

"假说1：在阶级位置矩阵中，工人阶级位置应该是最反对资本主义的，而资产阶级位置是最赞成资本主义的。

"假说2：在位置矩阵的所有者部分中，若从小资产阶级位置移动到资本家位置，其赞同资本主义的态度应该是单调递增的。

"假说3：在位置矩阵的雇员部分中，若从工人阶级位置沿着行和列移动到管理者专家位置，其赞成资本主义的态度应该是单调递增的。"①

---

① Wright E O, *Class Counts: Comparative Studies in Class Analysis*, Cambridge: Cambridge University Press, 1997, pp. 220 - 221.

关于阶级位置与阶级意识关系的这三个假说将在经验研究中受到检验。

2. 阶级形成

本章第一节根据人们在阶级结构中的关系定义了阶级形成，即个人在阶级结构中占据特定的位置，这些位置对他们追求物质利益提供一系列机会与阻碍，而在人们的实践过程中，会形成一系列有共同利益的团体。对阶级形成的实证研究本该包括对这些形成集体的构成、战略及组织形式的调查分析，然而由于现实条件的局限性，赖特将焦点集中于阶级形成的成分问题上，他也将之称为"意识形态的阶级形成"。在研究中，赖特主要采用归纳和描述的方法，分析瑞典、美国和日本各个阶级位置上的人如何形成在意识形态上具有同质特征的集体。

因此，这一研究至多是研究阶级形成的一种间接途径。在研究方法上，赖特主要研究各种集体组织（工会和政党等）在同一阶级位置和跨阶级位置上，把人们团结在一起的方式。具体的经验研究策略是，把个人阶级态度的分布作为阶级形成内意识形态联盟模式的一个指示器。如果不同阶级位置上的个人享有相似的阶级态度，那么就可以说这些阶级位置构成了阶级形成结构内的一种意识形态联盟。以态度作为衡量对抗或团结的指标，并不意味着可以把阶级形成还原为人们头脑中关于阶级利益的态度。而仅仅是说，意识形态构造的形成反映并促进了团结的集体，因而是研究阶级结构和阶级形成关系的一个恰当的经验指标。

更具体的经验应用方法是，对于阶级结构中每一个阶级位置而言，处于该阶级位置之上的普通人在意识形态上，是更接近于资本家、工人还是处于二者之间？更接近于资本家的将归为资产阶级联盟的一部分，更接近于工人的将归为工人阶级联盟的一部分，而处于二者之间的将归为中间阶级意识形态联盟的一部分。具体的检测目标是：在瑞典、美国和日本三个国家中，这些意识形态联盟有哪些异同。

3. 阶级意识

对阶级形成的分析，主要聚焦于占据相同和不同阶级位置的人在意识形态上的态度。而关于阶级意识分析，理论研究主体变为个体意识。实证研究的目标是：围绕个体意识反对资本主义的程度，建立起一个多变量模型，测量模型的国别效应。

这些模型包含六组独立变量："阶级位置（包含 11 个虚拟变量）；过去的阶级经验（工人阶级出身、资产阶级出身、之前的自我雇佣者、之前的监督者和之前的失业者等的虚拟变量）；现在的阶级经验（工会成员、与资产阶级的关联程度、与工人阶级的关联程度）；消费（户主、预收收入虚拟变量和个人收入）；人口统计变量（年龄和性别）；国家（两个虚拟变量）。"① 具体的操作方法和检验目标是：首先，把三个国家的样本集中到一起，分析在预测个人阶级意识中，哪个变量更重要，是国家还是所属阶级位置及相关阶级经验？其次，对国家间的不同变量影响进行分析和解释。

依据上述三个问题的理论假说和具体研究目标，赖特对瑞典、美国和日本三个国家的阶级位置与阶级意识的关系、阶级形成、阶级意识进行了实证研究。

二、实证调研结果

在本章第一节理论预设的基础上，赖特展开了有针对性的实证研究，具体研究结果如下文所述。

1. 阶级结构中的位置与阶级意识关系的实证研究结果

本章第一节阐述了关于阶级位置与阶级意识之间关系的三个假说，经验研究结果表明，瑞典、美国和日本三国的阶级位置与阶级意识之间关系

---

① Wright E O, *Class Counts*: *Comparative Studies in Class Analysis*, Cambridge: Cambridge University Press, 1997, p. 224.

大体符合这三个假说，图4.7①所示为三国这一研究目标的相关数据。

瑞典

	雇主	雇员			
资本家	-3.41	-2.36	0.60	1.05	管理人员
小雇主	-0.70	0.56	2.07	3.50	监督人员
小资产阶级	0.87	1.98	4.60	4.61	非管理者
		专家	技术	非技术	

美国

	雇主	雇员			
资本家	-2.17	-2.62	-0.68	-1.09	管理人员
小雇主	0.35	-0.73	1.30	2.28	监督人员
小资产阶级	1.08	0.16	2.67	2.66	非管理者
		专家	技术	非技术	

日本

	雇主	雇员			
资本家	0.17	0.32	2.10	1.83	管理人员
小雇主	0.76	0.68	2.68	1.57	监督人员
小资产阶级	3.08	1.09	2.61	3.07	非管理者
		专家	技术	非技术	

> 阶级结构矩阵单元中的数字是反对资本主义态度量表上的分值（范围从-10到+10），其中负值表示赞成资本主义的倾向，正值表示赞成工人阶级的倾向。

图4.7　瑞典、美国和日本的阶级结构和阶级意识

从图4.7中可以看出，在这三个国家中，工人阶级位置（即图中"非技术非管理者位置"）或者是最反对资本主义的，或者与最反对资本主义的位置分数几乎相同；同样，资本家位置或者是最赞成资本主义的，或者与最赞成资本主义的阶级位置有非常相近的价值观。因此，这一结论与前文的假说1非常符合。

而且，在阶级结构矩阵中，每个国家生产资料所有者的阶级意识都有明显的倾斜度：资本家在赞成资本主义方面通常比小资产阶级高3—4分，小雇主的分数居于二者之间。这一结论支持假说2。

假说3在瑞典和美国获得了强烈支持，但是日本的研究结果对假说

① Wright E O, *Class Counts*: *Comparative Studies in Class Analysis*, Cambridge: Cambridge University Press, 1997, p. 225.

3 的支持相对模糊。在瑞典，研究数据就是这一假说的现实演绎，当沿着阶级位置矩阵从工人阶级位置上升到专家管理者位置时，无论是沿着行走，还是沿着列走，甚至是沿着斜对角走，分数都呈直线下降的趋势。在美国，只有技术管理者比非技术管理者反对资本主义的态度稍弱，技术雇员比工人反对资本主义态度稍强（二者非常接近），其他阶级位置与假设 3 也完全符合。

日本的研究数据并不是十分支持假说 3。雇员中四个角上的位置与假设一致，然而，很多中间位置数值呈相反趋势。技术监督者比非技术监督者更强烈地反对资本主义，技术监督者比普通技术雇员反对资本主义态度也更为强烈；同时，普通管理者比普通监督者更加反对资本主义。中间阶级这些位置的态度与假说 3 稍有出入。

然而，从总体上看，上述研究数据表明，阶级位置对阶级意识影响的价值尺度，与划分阶级结构时所采用的剥削概念基本一致。赖特认为，这一研究对本书第二章所述的依据多维度剥削理论划分阶级结构的思想形成了实证支持。

2. 宏观阶级形成分析的研究结果

本章第一节描述了对阶级形成进行实证研究的理论目标，但是没有具体阐述研究方法。赖特采用了三种不同的形式描述意识形态的阶级形成，参照三种模型更能揭示研究目标的不同特征。第一种形式是一维模型，如图 4.8[1] 所示，以分值的方式反映不同阶级位置的意识形态谱系。第二种形式是二维模型，如图 4.9[2] 所示，考察的是图 4.5 所反映的阶级形成模型。第三种形式是三维模型，如图 4.10[3]（为统一本书的名词

---

①　Wright E O, *Class Counts: Comparative Studies in Class Analysis*, Cambridge: Cambridge University Press, 1997, p. 227.

②　Wright E O, *Class Counts: Comparative Studies in Class Analysis*, Cambridge: Cambridge University Press, 1997, p. 228.

③　[美] 埃里克·欧林·赖特:《后工业社会中的阶级:阶级分析的比较研究》，陈心想、皮小林、杨玉明等译，沈阳:辽宁教育出版社 2004 年版，第 428 页。

称谓，不给读者造成混淆，引用图式中有两种名词称谓有所改动。一是将原译文的"中产阶级联盟"改为"中间阶级联盟"，二是将原译文中的"经理"改为"管理者"。特此说明。）所示，描述了阶级结构中反对资本主义的价值尺度与阶级位置之间的关系。

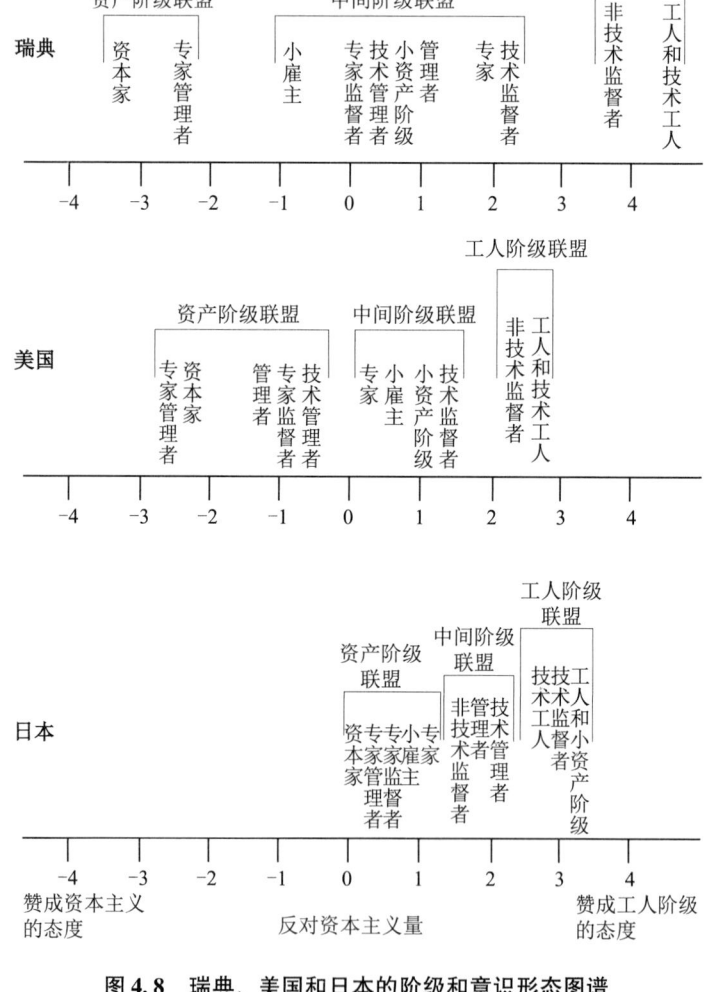

图 4.8　瑞典、美国和日本的阶级和意识形态图谱

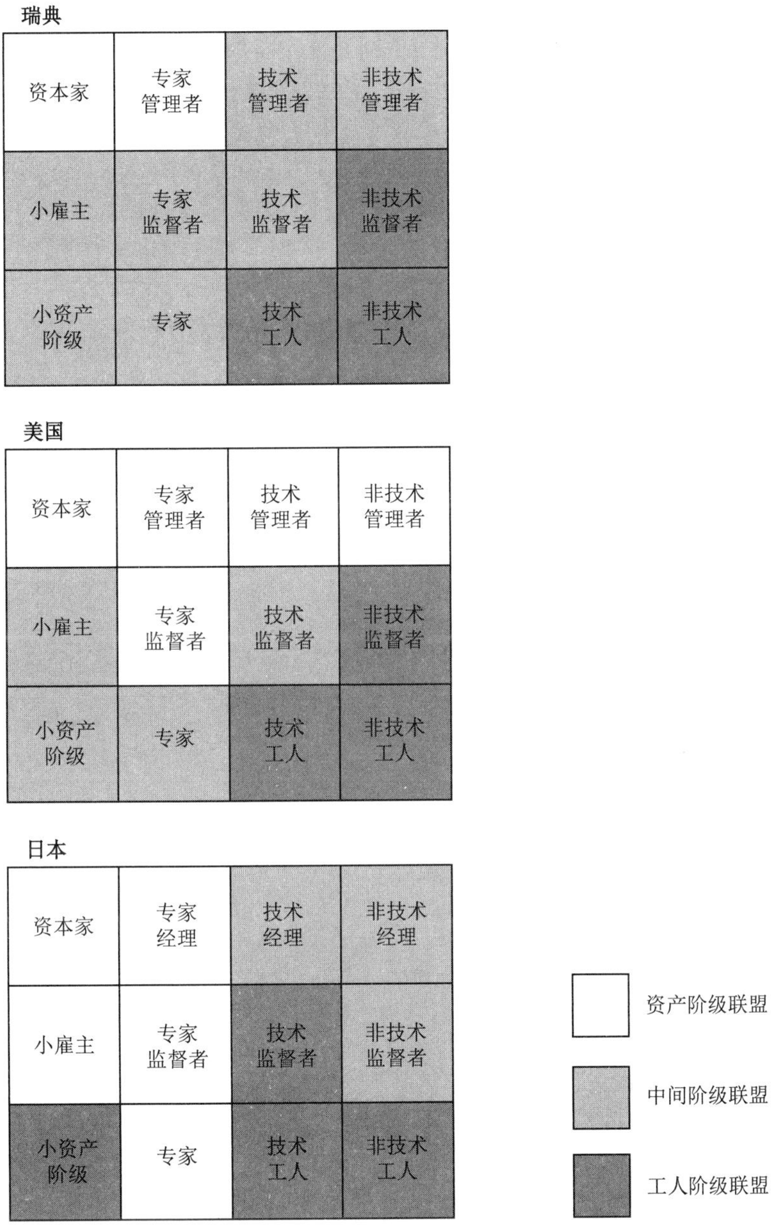

瑞典

资本家	专家 管理者	技术 管理者	非技术 管理者
小雇主	专家 监督者	技术 监督者	非技术 监督者
小资产 阶级	专家	技术 工人	非技术 工人

美国

资本家	专家 管理者	技术 管理者	非技术 管理者
小雇主	专家 监督者	技术 监督者	非技术 监督者
小资产 阶级	专家	技术 工人	非技术 工人

日本

资本家	专家 经理	技术 经理	非技术 经理
小雇主	专家 监督者	技术 监督者	非技术 监督者
小资产 阶级	专家	技术 工人	非技术 工人

资产阶级联盟

中间阶级联盟

工人阶级联盟

图4.9 意识形态阶级形成的模式

117

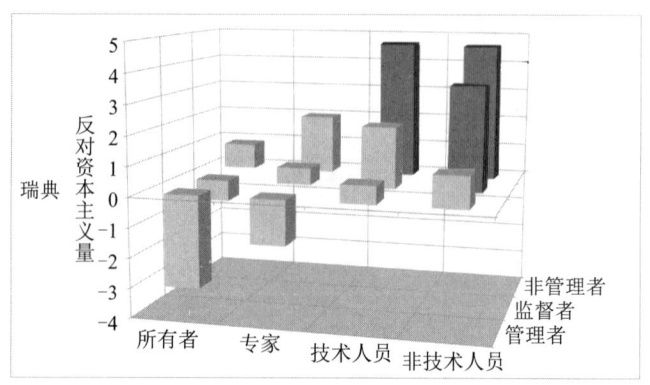

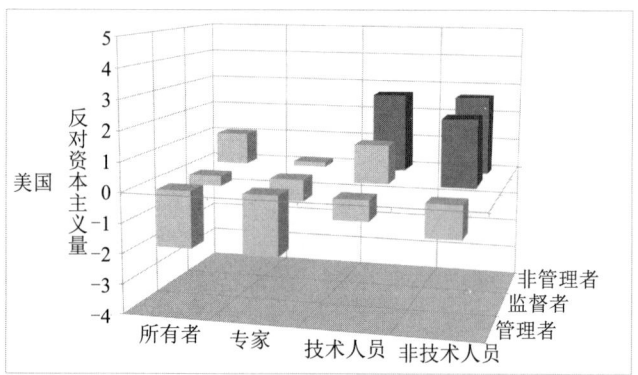

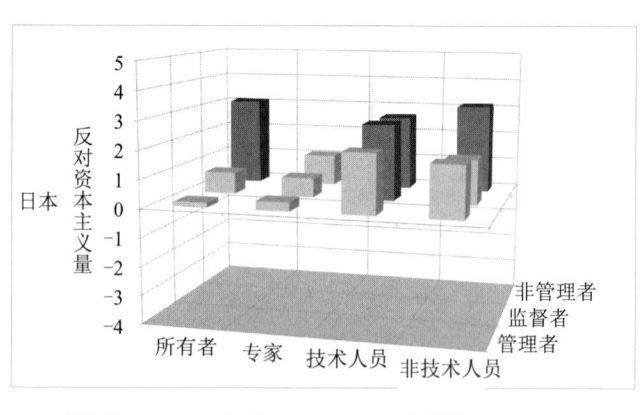

图 4.10　意识形态阶级形成模式的三维图式

在进入具体的分国别讨论和对比之前，有两点需要指出：第一，在瑞典、美国和日本三个国家中，技术工人都处于工人阶级意识形态联盟中，因为他们实际上对待资本主义的态度和工人阶级基本完全相同。第二，专家管理者是资产阶级意识形态联盟的一部分。在雇员中，最具剥削和控制权力的显然是专家管理者这一位置，而最不具有剥削特征的位置显然是技术工人。下面将依照三种模型，对不同国家的阶级形成进行分析与对比研究。首先分别考察三个国家的阶级形成模式，其次将三国进行对比，最后分析其差别的形成原因。

a. 瑞典

如图 4.8 所示，瑞典不同阶级位置的意识形态跨度比其他两国都大，在反对资本主义的价值尺度上跨越超过 8 分。在这一阶级结构中，三个意识形态联盟能够清晰界定，每个联盟内部在反对资本主义价值尺度上以均值不超过 0.001 的显著水平相互区别。

工人阶级联盟包括工人阶级、技术工人和非技术监督者三个阶级位置。在这一联盟中，反对资本主义态度的最低值是（非技术监督者）3.5，而在中间阶级联盟该类别的最高值是（技术监督者）2.07，二者相距甚远。可见，工人阶级联盟与中间阶级联盟有着明显的分界线。

资产阶级联盟包括资本家和专家管理者，这一联盟相对工人阶级联盟而言相对分化。尽管如此，这一联盟也与中间阶级联盟有明显的界限。专家管理者在赞成资本主义的态度上比中间阶级联盟中最赞成资本主义的位置（小雇主）高出 1.66 分。而且，瑞典的资本家比美国和日本的资本家更强烈地赞成资本主义制度。

中间阶级联盟则包括了矛盾的阶级位置中的大部分位置和小资产阶级、小雇主。这一联盟相对工人阶级联盟和资产阶级联盟而言更为松散，联盟内部的异质性较强。

b. 美国

在意识形态方面，美国的分化程度明显低于瑞典，所有阶级位置在反对资本主义的价值尺度上跨度小于瑞典。尤其是，美国的工人阶级联盟在反对资本主义态度方面比瑞典要轻。然而，美国三个阶级联盟之间仍有明显的分界线。

美国的工人阶级联盟构成与瑞典一样，尽管不如瑞典的工人阶级激进，却也与中间阶级联盟分界清晰。工人阶级联盟中反对资本主义程度最轻的位置（非技术监督者，2.28），仍比中间阶级反对资本主义程度最高的位置（技术监督者，1.30）数值要超过很多。

美国的资产阶级联盟比瑞典的资产阶级联盟涵盖更多的阶级位置（参见图4.9和图4.10），除了资本家和专家管理者之外，管理者、专家监督者和技术管理者也成为资产阶级联盟的一部分。所以，美国的矛盾的阶级位置中有很多位置加入资产阶级联盟行列。

资产阶级联盟的跨度相对较大，必然导致中间阶级相对薄弱。这样，中间阶级联盟与资产阶级联盟之间的界限也相对模糊。

c. 日本

从图4.8中可以看出，日本的整个意识形态谱系压缩得比较集中。甚至连资本家和专家管理者都移到了反对资本主义价值尺度的中部，其数值基本和其他两国的中间阶级相同。可以说，在日本，连资产阶级都不怎么赞成资本主义制度。同时，日本的工人阶级联盟在反对资本主义的态度上与美国的工人阶级联盟相似。尽管三个阶级联盟在反对资本主义态度上的均值有明显差别，然而其两两分界线却也没有瑞典和美国清晰。这种整体状况与日本社会缺乏高度对抗的传统形象相符合。

不仅阶级结构的意识形态分化程度较低，日本的阶级形成模式也与其他两国有明显区别。从图4.10可以清晰地看出，在雇员中，意识形态的分歧在专家与非专家之间非常明显，而权力维度的分歧则相对较弱。在瑞典和美国则与之不同，沿着技术和权力维度的分歧大体差不多。

日本意识形态分歧的独特模式也造成了其独特的阶级形成模式，如

图4.9所示。首先看资产阶级联盟，各种类别的专家都是资产阶级联盟的一部分，这一点与美国和瑞典形成鲜明对照，除此之外，还包括资本家和小雇主。因此，在日本，是资格而非在组织中的地位构成了资产阶级联盟的意识形态基础。

日本的工人阶级联盟也让人非常困惑，其构成包括工人、技术工人、小资产阶级和技术监督者（而不是非技术监督者）。通常在人们的意识中，非技术监督者会比技术监督者与工人享有更多的相同利益，从而非技术监督者更容易成为工人阶级联盟的一部分，至少瑞典和美国都是如此。然而，日本的这一状况着实让人意外，对此赖特也找不出合理的解释。

日本还有一个很特别的阶级位置——小资产阶级。在瑞典和美国，小资产阶级都是中间阶级联盟的一分子，而在日本，小资产阶级反对资本主义的态度很强烈，是工人阶级联盟中非常牢固的组成部分。

d.　三个国家的对比分析

经过对三个国家基本阶级形成模式的描述，三者之间的异同也非常明显：

第一，不同阶级形成之间的意识形态分化程度明显不同。这一点在图4.8中一目了然，瑞典的分化程度最大，而日本相对集中很多，美国居于二者之间。

第二，虽然专家管理者在这三个国家中都被视为资产阶级联盟的核心组成部分，但是三个国家的资产阶级联盟构成却有很大差异。瑞典的情况符合这一基本核心构造，而美国和日本的资产阶级联盟延伸到矛盾的阶级位置中。在日本，资格（专家与非专家）把矛盾的阶级位置合并到资产阶级联盟中，而权力维度之间分歧较弱。而美国则与日本相反，权力维度的分歧体现的较为明显。

第三，三个国家之间，瑞典和美国的阶级形成模式有较大的相似性，而日本则与二者明显不同。瑞典和美国工人阶级形成的模式基本相同，并且在意识形态方面与中间阶级联盟有清晰的分界线。即使美国的资产阶级联盟延伸到矛盾的阶级位置中，其总体模式也与瑞典相近。而日本则非常不同，由于小资产阶级的加盟，日本的工人阶级形成带有很多民粹主义特征，并且在意识形态方面与中间阶级差别不大。并且，日本的中间阶级联盟也与其他二国不同。在瑞典和美国，技术维度和权力维度都是意识形态分歧的根源，而日本则以专家与非专家的区别划清雇员之间分歧的界限。

　　e. 三个国家阶级形成产生差别的原因

　　由于日本与瑞典、美国差异较大，我们先分析瑞典和美国阶级形成产生差异的原因，之后单独分析日本。

　　瑞典和美国的阶级形成模型有两个明显差异：第一，美国的资产阶级联盟延伸到矛盾的阶级位置（即通常所说的中间阶级）的程度比瑞典要深。第二，在阶级形成的意识形态跨度方面，工人阶级与资产阶级之间的分歧，瑞典比美国更加两极分化。

　　在本章第一节阐述阶级形成的基本理论时，阶级形成被当作两条因果逻辑关系的作用结果，一是阶级结构对阶级形成产生影响，二是阶级斗争会改变阶级形成。阶级结构限制阶级形成，主要通过影响人们的物质利益、认同和资源的方式；阶级斗争则主要通过改变阶级形成组织的构成来影响阶级形成。而当阶级位置与物质利益之间的关联不同，或是阶级位置与组织能力之间的关联不同时，将会出现不同的阶级形成模式。而现实中可能会出现这种影响的主要因素有两个：国家雇佣和工会组织。

　　首先是国家雇佣。就中间阶级远离资产阶级联盟而言，最大的可能性就是国家雇佣。因为在一般的资本主义公司中，各种层级的管理者和专家的物质利益都会与公司利益相挂钩，甚至高层管理人员会持有股权。因而，私有公司中的中间阶级利益与资本家的利益是倾向于一致的。而在国家部门工作的中间阶级，其物质利益与资产阶级利益的关联则没有这么直接。虽然从整个经济链条上看，国家雇佣的收入依赖于国家收入，而国家收入依赖于资本主义经济的正常运行，但是国家雇员的收入不直接依赖于某一特定的资本家，所以国家雇员中的中间阶级在意识形态上并不倾向于赞同资本主义。

美国的中间阶级只有约18%的劳动力就职于国家部门，大部分中间阶级职位位于私有公司内。而瑞典所有劳动力的38%、中间阶级劳动力的近50%人口都直接被国家雇佣。因而，瑞典的中间阶级与资产阶级利益联系不太直接，这可能是造成瑞典特殊中间阶级意识形态联盟的一个原因。事实证明，经验研究数据[①]也支持了这一可能的解释。比起在私有部门工作的中间阶级，美国在国家部门工作的中间阶级赞成资本主义的态度明显偏低。这一对比在专家管理者中尤其明显。在国家部门工作的专家管理者反对资本主义的尺度数值为 − 0.04，而在私有部门工作的中间阶级这一数值为 −3.59。而且，美国和瑞典两国在国家部门工作的中间阶级，其反对资本主义的尺度数值无明显差别（1.37 与 1.56 的区别）。所以，美国中间阶级的保守态度主要集中于私有部门。而在瑞典，国家部门的中间阶级在态度上也比私有部门的中间阶级更加不赞成资本主义，但是数值偏差没有美国那么明显。或许是在庞大国家雇佣的影响下，整体中间阶级相对独立，脱离了资产阶级意识形态，所以只有专家管理者进入了资产阶级联盟。

其次是工会组织。巩固阶级形成的另一种常见机制是集体组织，而对工人阶级的阶级形成而言，首当其冲的当然是工会。瑞典和美国的工会可以说都比较成熟，脱离了资产阶级而自治，但是瑞典的工人运动比美国的工人运动有更深厚的基础。在两国的工人阶级联盟中，瑞典有82.6%是工会成员，而美国只有24.4%。更明显的是，瑞典的中间阶级

---

　　① 详见 Wright E O, *Class Counts*: *Comparative Studies in Class Analysis*, Cambridge: Cambridge University Press, 1997, p. 236, Table11. 1。

（处于矛盾的阶级位置上的人）入会率很高。对于两国非工人阶级联盟而处于矛盾阶级位置的人而言，瑞典有83.9%的这类人群加入工会，而美国仅有10.3%。美国加入工会比例较低可能与工人运动相对较弱有关。

那么，瑞典的高水平工会组织如何解释其国内阶级形成意识形态的两极分化状况呢？经验调查数据①显示，无论是瑞典还是美国，在所有阶级位置上，工会成员和非工会成员之间都有着明显的意识形态差别。在瑞典，处于矛盾的阶级位置上的人，工会成员和非工会成员在反对资本主义的尺度上分值相差4—5分左右。而瑞典和美国非工会成员在反对资本主义的尺度方面无明显差异，在两国的工人阶级联盟中，美国未加入工会的人员反对资本主义态度平均值是2.24，瑞典是2.41，无显著差别。然而，两国加入工会的这类成员的上述态度却有差别，瑞典的平均值是4.97，而美国是3.72。

因此，与美国相比，瑞典的工人阶级联盟在反对资本主义的态度上更加强烈，这一方面源于瑞典的工人阶级联盟入工会比率较高，另一方面源于瑞典的工会成员比美国的工会成员更加反对资本主义。而瑞典的工会成员反对资本主义的意识形态更加强烈，可能是其工人运动的一个结果。

与瑞典和美国相比，日本的阶级形成更富独特性，总体说来有两个显著特点：第一，总体意识形态两极化程度很低；第二，沿着阶级位置矩阵的管理维度，缺乏明显的意识形态分歧。

日本社会有这样一种传统形象：整个公司从上到下具有高度的合作意识，不仅仅是管理者，连工人都有很高的忠诚度，而冲突水平较低。许多公司的管理者是从普通工人做起的，这相对削弱了上下级之间的对

---

① 详见埃里克·欧林·赖特：《后工业社会中的阶级：阶级分析的比较研究》，陈心想、皮小林、杨玉明等译，沈阳：辽宁教育出版社2004年版，第441页，表14.2。

抗。也有一些观察家认为，日本公司的高生产率有一部分原因是，很少在破坏性冲突上浪费时间和精力。

然而，日本的这一形象也存在争议。这种看似协调的关系，是伴随着工人间的激烈竞争、遍布满地的监督和工人业绩的社会控制而存在的。日本的实证调查数据①显示，工会成员与非工会成员在反对资本主义的态度上无明显差异，尤其是工人阶级联盟内部。在瑞典和美国，工人阶级联盟中工会成员比非工会成员在反对资本主义的态度上，要高出1.5—2个分值，而日本的这一差别仅为0.09分。在中间阶级联盟之间，瑞典和美国的工会成员比非工会成员在反对资本主义态度上高出4分左右，而日本仅为0.8分左右。

这些研究数据表明，日本的工会组织没有发挥应有的作用，工会似乎是为了维护公司的利益而存在，而不是为了维护工人的利益。值得指出的是，日本的阶级形成情况并非向来如此。在20世纪50年代早期，日本劳资冲突激烈，工会态度强硬并且有定期的普遍罢工。然而，在这些运动失败、被镇压之后，现阶段这种类型的工会模式才得以巩固，并且建立起"高度合作"的劳资关系。

综上所述，瑞典、美国和日本的阶级形成各有各的特点，总体说来，瑞典和美国两国的阶级形成模式具有较大相似性，而日本与这两国差异较大。三个国家之间的阶级形成差异，最主要的两个原因是国家雇佣的多少和工会组织的强弱。

3. 微观阶级意识分析的研究结果

上文以意识形态作为一种描述性手段，从宏观角度对阶级形成进行实证研究。此处我们要从微观角度出发，采用多种变量对影响个体阶级意识的因素进行经验分析。与本章第一节提出的研究目标相一致，首先

---

① 详见埃里克·欧林·赖特：《后工业社会中的阶级：阶级分析的比较研究》，陈心想、皮小林、杨玉明等译，沈阳：辽宁教育出版社2004年版，第441页，表14.2。

将三个国家的资料合并成到一起，检验国家民族因素对阶级意识的影响力。其次，借助多种变量分析不同因素对阶级意识的影响。

针对阶级意识的微观检测目标，赖特建立了五个回归方程式：

"方程 1. 仅有阶级位置

方程 2. 阶级位置 + 过去的阶级经验 + 现在的阶级经验 + 工会会员 + 人口统计

方程 3. 仅有国家

方程 4. 阶级位置 + 国家

方程 5. 方程（2） + 国家"①

依据第一个检测问题，赖特将三个国家的样本合并到一个数据库中，打破国别的限制，用上述五个方程检测调查样本，而调查结果②显示：在反对资本主义的态度上，同阶级位置相比，国家因素基本可以忽略。也就是说，如果要预测某个人的阶级意识，知道他们的国家对预测结果帮助很小，而知道他们所处的阶级位置，才会使预测与事实相符或相近。

随后，为了检测第二个研究目标，赖特去除"国家"这个附加变量，仍然根据国别进行分析，采用方程 1 和方程 2 进行实证研究。基于跨三个国家的方程③，可以得出下列几个显著结论：（1）方程的总体预测能力在瑞典最强，日本最弱。在美国，方程也有一定的解释力，而在日本，这些变量不能解释在反对资本主义态度方面的差异。（2）在预测阶级意识时，每一种变量在瑞典都比在美国和日本具有更强的预测性。因此，阶级位置和阶级经验决定阶级意识，这一假说非常适合瑞典，而

---

① 详见埃里克·欧林·赖特：《后工业社会中的阶级：阶级分析的比较研究》，陈心想、皮小林、杨玉明等译，沈阳：辽宁教育出版社 2004 年版，第 422 页。

② 详见埃里克·欧林·赖特：《后工业社会中的阶级：阶级分析的比较研究》，陈心想、皮小林、杨玉明等译，沈阳：辽宁教育出版社 2004 年版，第 448—449 页，表 14.4。

③ 具体结果参见埃里克·欧林·赖特：《后工业社会中的阶级：阶级分析的比较研究》，陈心想、皮小林、杨玉明等译，沈阳：辽宁教育出版社 2004 年版，第 452 页，表 14.5。

在日本基本无意义。（3）对于那些不直接反映阶级而是反映消费的变量，在美国比在瑞典更有预测性。在美国，阶级的主观构成主要围绕消费部门，而非生产部门。至少在以反对资本主义态度为依据的研究结果中，日本的这种状况比美国更严重。（4）在多变量方程中，对于三个国家而言，性别都不是影响阶级意识的重要因素。而仅仅在美国，年龄对阶级意识有重大影响。美国的代际分歧可能与20世纪60年代的民权运动和反战运动对美国人政治生活的影响有关。

三、结论：三国各自呈现出鲜明的特征

通过本章前两节的理论预设与实证研究可以得出，当代三个发达资本主义国家的阶级形成模式与阶级位置对阶级意识的影响程度，虽然有很多相似之处，却存在很大的差异。尤其是在反对资本主义的尺度方面，三国各自呈现出鲜明的阶级特征。

两极分化最为明显的是瑞典。从宏观层面分析，瑞典的阶级形成既凸显出两极分化的特征，三个阶级联盟之间的界限又非常清晰。从微观层面分析，过去和当下的阶级位置和阶级经验，都对个人阶级意识形成了强烈的影响。因此，从整体上看，在瑞典社会，阶级对人们的主观意识和现实生活都形成了有力的冲击。

态度最为集中的是日本。从宏观层面上看，日本的阶级形成没有明显两极分化的趋势，各个阶级联盟之间的界限也很模糊。从微观层面上看，日本社会的阶级位置对阶级意识虽然有一定影响，但是与瑞典、美国相比，这种影响显然很微弱，并且这一影响主要通过消费领域间接形成。对于赖特所预设的阶级位置和阶级经验对阶级意识会产生影响的理论模式，日本社会的现实状况显然对这一理论没有明确的回应。

美国的情况居于瑞典与日本中间，与瑞典的实际情况更为接近。或者，从根本性质上说，美国和瑞典的阶级形成模式与阶级意识塑造过程有极其相似的特征。从宏观层面上看，美国也有一个广泛的资产阶级联

盟和一个与中间阶级联系密切的工人阶级联盟，其阶级形成模式与瑞典颇为相似，只是趋势更为缓和。从微观层面上看，尽管这一过程没有瑞典强烈，阶级位置与阶级经验却也成功地塑造了阶级意识，同日本相似的是，消费领域对这一过程有影响。

第三节　两种阶级意识导向模式：
认同与利益

本书此前所探讨的赖特的阶级理论，一直以依据剥削理论确定的阶级结构为中心，可以称之为阶级研究中的一种结构性探讨。这种探讨把阶级视为从关系上界定的、由个人所占据的空位置所形成的矩阵。个人与位置之间不是固定的关系，位置本身被看作是独立存在的，个人可以在这些位置上进进出出。如本章前两节所述，虽然这些位置与种种生活经验相关且生活经验又反过来影响阶级意识，但是从总体上说，这种分析仍然是以把阶级视为一种结构性概念为基础的讨论。

赖特指出，还存在探讨阶级问题的另一种思维方式，与结构性探讨相比，这种思维方式更注重"主观性"。这种探讨方式把阶级看作由人们生活经验构成的，与结构主义的社会关系框架相对比，赖特把这种探讨方式称为阶级研究的程序观点。这种观点与 E. P. 汤普森对阶级的定义颇为相似："由于共同经验（继承的或分享的），当一些人感到和明确表达对他们的利益认同时——这些利益既是他们自己之间共有的，而又排斥那些同他们的利益不同（通常是对立）的人们——阶级便发生了。"[1] 当然，生产关系中的位置作为影响这种经验轨迹的机制之一，也

---

① 埃里克·欧林·赖特：《后工业社会中的阶级：阶级分析的比较研究》，陈心想、皮小林、杨玉明等译，沈阳：辽宁教育出版社2004年版，第497—498页。

非常重要，但是，这一分析的本质在于强调构成个人经历的共同体形式、家庭结构以及文化等方面。赖特把这种程序性探讨作为与结构性探讨相并列的一种思考方式，研究两种思考方式对阶级意识的影响和意义。

一、结构探讨和程序探讨的基本理论解释

在解释研究同一问题的两种不同方法时，最简单明了的方式就是做对比。关于对阶级理论的结构探讨和程序探讨，表 4.1① 有助于了解两种方法的各自侧重点和相互区别。这一对比的核心是：是什么使"阶级解释社会冲突与变迁"得到更系统的说明。程序探讨侧重于从主观性维度解释社会冲突，因为过去的阶级经历决定了社会冲突的主观条件，尤其是行动者的认同方式与意图。而结构探讨侧重于从客观方面解释社会冲突，尤其是通过行动者的预期物质利益及面临的其他客观形势。如果用理性行动者模型的语言来解释，即结构探讨主要关注独立于行动者动机而存在的可选择行动模式，而程序探讨则聚焦于行动者本身会优先选择的次序。因此赖特对两种理论的定性是，程序理论是一套"以动因为中心"的行动理论，而结构理论则是一套"以关系为中心"的行动理论。

表 4.1　阶级分析可选择的两类一般方法

	程序探讨	结构探讨
阶级解释冲突的条件	主观的	客观的
行动理论	以动因为中心	以关系为中心
阶级意识的主要方面	认同	利益
阶级时间性	过去	未来

两种分析方法的倡导者经常互相攻击，例如结构理论倡导者经常把程序理论描述为唯意志论的，而程序理论的主张者经常把结构理论称为

---

① 埃里克·欧林·赖特：《后工业社会中的阶级：阶级分析的比较研究》，陈心想、皮小林、杨玉明等译，沈阳：辽宁教育出版社 2004 年版，第 498 页。

决定论的。事实上，两种理论只是各有偏重，结构理论者通常不会忽视主观能动性，而程序理论者也会考虑主体所受的客观约束。问题不在于二者之中选择哪一种，而在于如何把两种方案结合起来，以便更完整地分析阶级意识的形成问题。

为了整合这两种分析方法，赖特把它们同时间的关系联系起来。程序理论主要围绕"学习"问题而展开，即人们如何学习才会成为具有其自身的世界观、认同感、生活方式和目的的阶级成员。程序理论的探讨方式，在于通过个人的生活经历轨迹解释其学习到的内容。这一轨迹既是个人的生活经验，又是社会集体的历史情况，因为过去的阶级斗争历史也会像个人经验一样对个人产生主观影响。而从时间方面说，这一探讨主要围绕"过去"而阐发，因为阶级意识是"过去"经历对个人影响的当下体现。

与程序理论的主观性相比，结构理论主要集中探讨行动者面临的客观选择。受这些客观选择所限，行动者可达到的未来也会有一定的预期范围。结构理论倾向于用可预测的未来分析行动者当下的选择。所以，结构理论的时间性主要是展望未来，因为阶级是"可能的未来"在当下的体现。而真正的未来就是"过去"和"可能的未来"两种时间交叉作用的结果——体现"过去"的时间性决定主观性，体现"可能的未来"的时间性决定行动者的选择。

两种时间性，体现在阶级意识的概念化过程中，就是认同问题（程序探讨）和利益问题（结构探讨）的差别。阶级"认同"就是个人把自己当作某一阶级"成员"的方式，这也限定了他/她的生活特点及与其他人不同的方式。认同包括认知和情感两个方面。从认知方面说，认同限定个人把自己纳入不同分类体系的方式。从情感方面说，认同涉及个人的意义体系中主观上的某种分类。只满足其中一方面而不满足另一方面，构不成"认同"。对此赖特举例说：当询问一个人的党派问题时，如果他回答是民主党成员，这是一种认知，而不包含情感因素，所以不能说是一种认同。而在诸如社区的互动经验中，某种文化融入个人的主观意识中，这是一种情感认同。当一个人进入一个新的阶级位置时，意义没有同时形成或再形成，因而阶级认同是一种"回顾性"概念，它植根于一个人的历史经历和个人对所生活集体的依赖方式。

程序探讨主要关注利益意识的构造，指的是对未来的期许，所以说这是"向前看的"过程。当马克思主义者提及工人的阶级利益时，暗含的假定是：这个人可能将在长时间内一直做工人，从而他们的个人利益才会与工人的阶级位置利益相一致。而当某一工人得知自己在不久的将来会退出工人阶级，例如他即将获赠大笔遗产或是他能够凭借即将拿到高学历而获得中间阶级的职位时，他的未来利益与当下阶级位置之间的联系就会十分微弱。所以，阶级利益是面向未来的，此时，个人理解他们同所在阶级结构之间的关系。

因此，阶级的程序探讨，是为理解个人经历所导致的阶级经验轨迹提供一种分析方式，这些轨迹体现了不同的阶级认同方式。而阶级的结构探讨，则是思考一种阶级结构如何对个人的未来发展提供机遇与限制，这些机遇与限制决定了他们行动的可能性并进而决定了他们的客观物质利益。赖特此处的研究目的，就是要把这两种理论机制结合起来。

二、认同与利益影响阶级意识的因果模型

在一些个别的案例中，仅用一种解释模式就足以说明阶级意识的形成模式。例如，如果对行动者的结构限制非常狭窄，乃至只有一种可选行动，那么，阶级在文化上对行动者的影响似乎意义不大。或者，一种阶级结构具有非常高的开放性和流动性，人们可以依据偏好随意选择自己的阶级，那么此时结构探讨的解释力就会变得很微弱。然而，在现实中，这两种极端情况几乎不可能出现，现实阶级状况的复杂性要求我们把程序探讨和结构探讨两种分析策略结合起来。具体说来，是要把两种时间性分析结合起来，看看过去的阶级经历轨迹如何与未来可能的利益

产生交叉。

赖特依然试图通过实证研究验证这两种理论各自的影响，于是在把程序探讨与结构探讨的两种时间性连接起来的时候，赖特设立了四个假说模型。

假说 1：基本结构假说。"个人的阶级位置比他们的阶级轨迹将更系统地决定阶级利益的主观意识。"[①] 这是结构理论的基本观点。阶级位置决定了阶级利益，因而，这种利益的主观感受也会紧随这一阶级位置的责任趋势。而一个人过去和现在阶级经验，会对个人对阶级利益的主观理解产生影响，这种影响仅限于它会给阶级位置的责任者一个更清晰地认识阶级利益的范围。这一假说暗含一个基本前提：由阶级结构决定的客观物质利益依赖于行动者的阶级位置。这一前提的有效性，要依赖于个人进出阶级位置的时间范围而定。如果个人流动率很高，那么他们在位置与利益之间的关系上就会产生不确定性。因此假说 1 要求阶级成员具有一定的稳定性，对于大多数人来说，当前的阶级位置也是他未来的阶级位置。

假说 2：基本程序假说。"个人的阶级轨迹将比他们当前的阶级位置更系统地决定个人主观的阶级认同。"[②] 认同是长时间以来形成的，深入人心。一个人是否认同一个阶级，依赖于他们过去的阶级经历轨迹在内心形成的感受，而不是仅仅依赖于当前所在的阶级位置。

假说 3：阶级的程序理论和阶级理论相互影响。"人们的阶级认同，除了影响他们对阶级结构内他们当前位置的感知，还影响他们对自己的阶级利益的感知。"[③] 阶级结构限定了阶级位置上责任者的客观利益，这

---

① 埃里克·欧林·赖特：《后工业社会中的阶级：阶级分析的比较研究》，陈心想、皮小林、杨玉明等译，沈阳：辽宁教育出版社 2004 年版，第 502 页。

② 埃里克·欧林·赖特：《后工业社会中的阶级：阶级分析的比较研究》，陈心想、皮小林、杨玉明等译，沈阳：辽宁教育出版社 2004 年版，第 503 页。

③ 埃里克·欧林·赖特：《后工业社会中的阶级：阶级分析的比较研究》，陈心想、皮小林、杨玉明等译，沈阳：辽宁教育出版社 2004 年版，第 503 页。

也会使责任者对利益的主观感知随阶级位置而变化（假说1）。然而，对利益的主观感知并不是对所谓"原始感觉材料"的直观反映，而是主要通过他们的"认同"感。因此，甚至可以说，认同在控制了个人的阶级位置之后，还影响主体对利益的感知。

假说4：阶级形成假说。"阶级位置与主观阶级利益之间和阶级轨迹与阶级认同之间在微观层次上的关系强度随阶级的集体形成的程度而变化。"[1] 前三个假说都是微观命题，因为它们都是关于根据个人的某些状况而形成某种意识倾向的判定。然而，本章前两节讨论过，这些微观过程为宏观过程所调解。譬如，在经济和政治高度组织化的社会结构中，其阶级意识的微观倾向也会很明显；而在一个阶级形成较为松散甚至是原子化状态的社会结构中，其微观倾向也会随之淡化。所以，阶级位置是对相应阶级利益的主观感知与阶级轨迹所导致的阶级认同，这两种微观效应都会随着宏观阶级形成的强大而增强。

把上述四个理论假说关联起来，赖特得到了图4.11[2] 的因果关系模型：

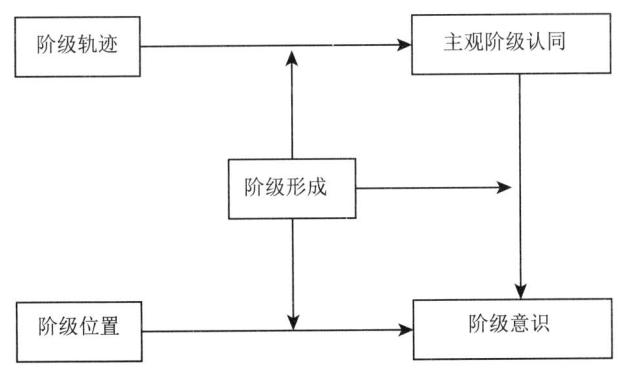

图4.11　阶级认同和主观利益的基本因果模型

---

① 埃里克·欧林·赖特：《后工业社会中的阶级：阶级分析的比较研究》，陈心想、皮小林、杨玉明等译，沈阳：辽宁教育出版社2004年版，第503页。

② 埃里克·欧林·赖特：《后工业社会中的阶级：阶级分析的比较研究》，陈心想、皮小林、杨玉明等译，沈阳：辽宁教育出版社2004年版，第504页。

利用这个模型，赖特对瑞典和美国阶级位置、阶级轨迹和阶级意识之间的关系进行了实证研究。

三、实证研究结果：应依不同侧重将二者结合

赖特验证了意识的两个方面：主观的阶级认同和对资本家、工人利益的态度。依据这两个方面与阶级意识的不同时间性相关联，即与阶级轨迹和阶级位置相关联。阶级认同通过问卷调查来测量，根据所设定的不同问题，判别出受访者是主动认为自己属于或不属于某个阶级，还是被动承认自己属于或不属于某个阶级，以五种数值标准反映受访者认知和情感两方面的认同变量。阶级利益意识的测量，则是在最接近对阶级利益感知的问卷条目的基础上，通过统计调查的方法得到分析。

赖特针对不同的测量目标，对解释变量进行调整，得到下列几个方面的结论。在阶级利益意识方面，赖特设定了"预测阶级利益意识的轨迹模型的解释变量"[1]，模型中的大多变量对瑞典男性的解释力都很强，对美国男性和瑞典女性也有明显的解释力，但是对美国女性而言，阶级位置和任何阶级轨迹模型都几乎没有解释力。对于两国的男性和瑞典的女性而言，在预测阶级利益意识方面，"当前位置模型"胜过任何一个阶级轨迹模型。所以这一结论基本支持假说1。

在阶级认同方面，瑞典的样本显示出阶级轨迹对阶级认同有强烈的影响，而美国则不明显。对于当前处在工人阶级位置上的人来说，瑞典男性的阶级出身对阶级认同没什么影响；对于当前处在小资产阶级和中间阶级位置上的人来说，阶级出身的影响非常重要；瑞典女性的调查没有男性明显，但是依然显示了阶级轨迹对阶级认同的影响。总体说来，瑞典的调查样本适度支持了假说2，瑞典的阶级轨迹对阶级认同的影响

---

[1] 参见埃里克·欧林·赖特：《后工业社会中的阶级：阶级分析的比较研究》，陈心想、皮小林、杨玉明等译，沈阳：辽宁教育出版社2004年版，第511页，表16.4。

要比当前的阶级位置对阶级认同的影响更强烈。美国的调查数据则不支持假说 2 的内容。

关于阶级认同对阶级利益的影响，赖特采用多元回归分析的方法统计阶级位置和阶级认同对阶级利益意识的影响。结果是，阶级认同明显地预测了主观阶级利益，瑞典男性尤为明显；瑞典女性比瑞典男性的显著性稍低，但是除了阶级位置，阶级认同也对阶级利益有预测力；美国阶级认同对利益的影响整体显著性比瑞典低，但是依然具有统计学意义上的显著性。

对于瑞典和美国两个国家间的差别，各种分析模型的解释力在瑞典都比美国强烈得多，而瑞典男性又比瑞典女性的显著性更强。综合各种变量结果分析，阶级位置和阶级轨迹对阶级意识的影响，在瑞典比在美国强烈得多，所以这一结论有力支持了假说 4。

综合本节的各种分析模型，可以得出下列三个基本结论：

第一，阶级位置比阶级轨迹对形成以利益为中心的意识影响更重要，而阶级轨迹（瑞典支持）在影响阶级意识的文化方面比阶级位置更重要。阶级利益意识主要受个人对未来阶级状况感知的影响，过去经历相对不重要，而阶级认同则基本由个人经历所形成。可见，结构探讨和程序探讨在不同的意识影响方面形成了有侧重的辩护。

第二，阶级认同对阶级利益的感知有强烈的影响，这种影响至少与阶级位置的影响一样强。虽然在论及与阶级利益意识相联系的物质利益时，结构探讨更有解释力，但是，对这些利益的实际感觉，对阶级认同的依赖程度等于甚至大于对阶级位置的依赖程度。因此程序理论强调阶级轨迹在解释阶级意识和行为方面有重要意义，是有理论效力的。当然，结构在概念上相对于程序阶级概念具有优先性，因为没有基本的结构性划分，个人经历轨迹无法跟踪，然而这种优先与此处所讨论的理论解释并不是一个概念。

第三，与本章前两节的理论相呼应，所有微观意识的形成机制都会受到宏观社会环境的影响。在阶级形成较为成熟的社会结构中，这些微观机制就会被强化；反之，在阶级形成相对分散和凌乱的社会结构中，微观机制也会随之减弱。这也再次验证了程序理论的一种观点：阶级结构中个人经验的影响力取决于这些经历产生的历史环境。

第四节　赖特阶级意识与阶级形成 研究的得失与启示

本章前三节探讨了赖特对阶级意识与阶级形成问题的研究，其中包括基本理论建构、实证研究和两种理论研究思路的对比分析。赖特的研究颇富特色，受到汤普森阶级意识理论的影响，他侧重于研究"个体"阶级意识，而非作为整体的阶级意识。他的阶级意识与阶级形成理论可以分为两部分，一是承袭本书一贯的分析模式，即根据第二章所论述的基本分析框架，对阶级意识与阶级形成进行"结构研究"；二是与汤普森的文化阶级理论一脉相承，从经历角度探讨阶级的"程序理论"。此处赖特的分析视角颇为宽阔，理论与实证相结合的研究方法也值得称道。然而，他的理论也有不足之处，其中最重要的问题是，赖特的研究侧重于揭示资本主义社会个体阶级意识现状，似乎把阶级意识问题变成了社会调研。而在传统马克思主义理论中，阶级意识是指工人阶级意识到自己的地位与使命。尽管如此，赖特对阶级意识与阶级形成的研究（尤其是对瑞典、美国和日本阶级现状的清晰呈现），还是能够给我们提供一些深刻的启示。

一、赖特阶级意识与阶级形成研究的得失

赖特的研究思路十分清晰，对各种理论概念进行了先在界定，继而建构出各个理论模型。除了采用他的基本阶级分析框架之外，在阶级意

识问题上，汤普森对他的影响颇深，他还从阶级经历角度对阶级意识的形成进行研究，并将两种分析思路进行对比。他的理论建构颇为丰满，却也有不足之处，最明显的弊端是缺乏阶级意识本身所蕴含的使命感。

从基本的理论立足点来说，赖特的阶级意识概念立足于"个体"的阶级意识，即从微观层面出发谈论与阶级相关的个体意识。与之形成鲜明对照的是青年卢卡奇的阶级意识理论。对于卢卡奇来说，无产阶级通过历史唯物主义的"中介性"方法，能够形成先进的阶级意识，从而克服资产阶级意识的二律背反，达到理论与实践的统一。这种意识不是个体的，而是总体的，是对整个无产阶级历史使命的革命意识的认知，是一种整体性范畴的"阶级意识"。而在赖特的理论中，阶级意识是作为个体意识而出现的，对于不同的个人而言，其彼此的阶级意识是相互独立的，而在社会关系中，尤其是阶级关系中，个体的阶级意识直接影响到社会结构中的阶级形成。赖特侧重于研究作为个体的阶级意识与作为整体的阶级形成之间的关系，阶级形成组织中每个成员有独立的阶级意识，而正是因为这些个体的阶级意识具有相似性，他们才能形成具体的阶级形成。阶级意识以微观的形式存在于个体中，而当这些个体想实现某种利益或达到某种目的时，就要寻找具有与之相似的阶级意识的人，组成阶级形成团体作为阶级的实体性力量。虽然阶级意识是一个主观性概念，阶级形成是一个客观实体范畴，但是二者之间却存在密切的联系。可以通过阶级形成对阶级意识进行回溯，阶级形成的过程本身也是集体阶级意识形成的过程，微观的阶级意识与宏观的阶级形成之间是一种辩证互动的关系。

从具体的理论思路来说，赖特一方面通过各种模型，研究了阶级位置与阶级意识之间的关系、三个国家的阶级形成模式以及微观的阶级分析与宏观阶级体系之间的关系。这一系列研究承袭本书一贯的阶级结构分析思路，即基于赖特所确立的剥削体系、从"利益"角度出发分析阶级意识的形成。另一方面，受到汤普森的影响，赖特发现还可以从另一种思路来研究阶级意识的形成，即个人的阶级经历会影响阶级意识的形成，主观"认同"影响了阶级意识。于是，赖特对客观利益导向与主观认同导向两种不同的阶级意识形成模式进行了对比研究。赖特的理论对比分析比较到位，相对而言，由于测量阶级意识本身是一件比较困难的事，加上各种其他条件的局限性，赖特对理论的实证验证略显不足。

除了依据赖特阶级研究的基本框架（十二种阶级位置）以外，无论是"个体"阶级意识倾向，还是文化认同对阶级意识的影响理论，都可以看出，赖特的阶级意识与阶级形成理论深受汤普森阶级理论的影响。而汤普森的理论又与卢卡奇、葛兰西的阶级意识理论一脉相承。或许这里容易让人产生误解，因为前文刚刚提到赖特理论中的阶级意识与卢卡奇的阶级意识所指不同，而赖特的阶级意识理论深受汤普森的影响，此时又说汤普森与卢卡奇的阶级意识理论有关联。事实上也并不矛盾，因为所处时代背景不同，要解决的具体理论问题不同，尽管汤普森与卢卡奇、葛兰西的阶级意识理论一脉相承，却有各自不同的理论研究视角，所以到赖特这里，个体阶级意识与卢卡奇整体阶级意识有差别也不足为奇。

阶级意识问题是马克思、恩格斯阶级理论中的一部分，而马克思和恩格斯没来得及系统阐述阶级问题，理论就被搁置了。一战后，西方国家的无产阶级革命纷纷失败，为了探索无产阶级的革命道路，卢卡奇从哲学上阐述了无产阶级意识形成的重要革命意义，葛兰西从政治上阐明了无产阶级从意识形态上夺取文化霸权的革命策略，二者都强调了培养阶级意识的重要性。后来，卢卡奇和葛兰西的理论在汤普森的阶级理论中得到了回应。汤普森打破了以经济为中心和结构主义的阶级定义，从社会文化的角度出发，阐述了文化和个人经历等因素对阶级意识的形成有深刻的影响，而阶级意识在工人阶级形成过程中更是起到至关重要的作用。赖特的另一种阶级意识研究思路——以"认同"为主导的阶级的程序理论，可以说与汤普森基于文化传统的阶级意识理论一脉相承。赖特试图将阶级的结构理论与程序理论结合起来，然而他能做到的是，从理论和实证两方面探索两种理论对阶级意识的不同影响，但是在两种理论的具体结合策略方面，还有待加强。

　　总体说来，从理论层面上看，赖特的阶级意识与阶级形成理论兼顾了阶级的结构理论与程序理论；从研究方法上看，赖特努力将微观研究与宏观研究结合起来，而其更侧重于微观研究，同时，他对多方面的理论进行实证研究和论证。赖特采用多种模型和图表分析，对阶级意识与阶级形成的各个相关理论做了较为清晰的界定、阐释，清晰地呈现出瑞典、美国和日本三个国家阶级意识与阶级形成的不同状态，从而烘托出当代发达资本主义国家的整体阶级意识与阶级形成状况。然而，赖特的研究也存在着严重的理论缺陷。

　　在马克思主义阶级理论中，阶级意识是指，在资本主义社会中，无产阶级逐渐意识到自身与资产阶级相对立的革命地位，从而确立起推翻资本主义制度的阶级使命。早期的西方马克思主义者们就致力于唤醒无产阶级的阶级意识，而随着资本主义社会的发展，工人阶级的阶级意识日渐消弭，如马尔库塞所说，变成了"单向度的人"。在这种时代背景下，赖特选择了对阶级意识与阶级形成问题现状的揭露，而不是进行理论建构，其理论不带有目的性，忽略了工人阶级的阶级意识使命。而且，列宁曾经说过"工人阶级单靠自己本身的力量只能形成工联主义的意识"，而真正的社会主义意识"只能从外面灌输进去"。[①] 就是说，工人不能仅靠自己顺其自然地形成先进的阶级意识，而需要外界带有目的性地去灌输、影响。而赖特侧重于强调历史文化与个体阶级意识形成之间的客观因果逻辑关系，不涉及带有目的性和策略性地论述如何培养与灌输阶级意识。早期西方马克思主义者未能成功解决的问题，赖特没有进行当代新的建构，而是在无奈中采取了妥协的态度。

---

　　① 列宁：《列宁全集》第6卷，北京：人民出版社1986年版，第29页。

二、赖特阶级意识与阶级形成研究的启示

赖特对阶级意识与阶级形成的理论研究，没有明确的理论建构目的，即其理论是纯粹的相关现实研究，不带有与早期马克思主义者相似的具有明确政治目的的理论针对性。然而，赖特理论与实证相结合的研究模式，促使他对当代发达资本主义的阶级意识与阶级形成现状进行了研究。正是这种实证，尤其是阶级意识与阶级形成的相关数据，把瑞典、美国与日本的整体阶级情况鲜明地呈现出来，这一印象甚至比对阶级结构的实证研究所呈现的阶级现状更为直观、深刻。我们也可以从这些现实阶级状况中得到很多启示。

当代资本主义国家的工人阶级意识消沉，社会两极分化的趋势也不再鲜明，于是很多马克思主义者对传统的阶级革命理论持悲观态度。如后马克思主义的红旗手拉克劳和墨菲认为，当代社会已从二元对立过渡到多元对抗，革命理论也该从阶级政治走向非阶级政治，与多元对抗相对应，他们倡导一种激进的多元民主政治，而"多元"的社会主体不再以阶级来划分，而是各种异质的社会团体。然而，我们从瑞典社会与日本社会鲜明的阶级意识对比中可以看出，阶级意识受到很多因素的影响：阶级运动的基础、工会组织的起效程度、政治因素和政府导向等，而阶级意识直接影响了阶级形成。若以日本社会的阶级情况来看，试图唤醒工人阶级的革命意识去争取某些阶级利益，简直是天方夜谭；若以瑞典社会的阶级情况来看，工人阶级的阶级基础非常好，至少在为自己争取适当的阶级利益方面，完全是可能的并且可以变成现实的。因此，用一刀切的方式宣告"阶级"消亡是不理智的，对于当代资本主义社会而言，唤醒工人的阶级意识、争取中间阶级加入工人阶级联盟还是有长远意义的。

每个时代有每个时代亟待解决的问题，从表面上看，当代资本主义社会的阶级问题趋于隐退和消解，阶级的弱化促使很多理论家甚至是马

克思主义者寻求阶级以外的其他解决方案，例如深化民主、社会正义等。然而，从深层的现实角度分析，当代资本主义社会的经济危机并没有消解，2008 年美国的次贷危机引起了全球的金融危机，所谓资本市场自行调节的神话被打破。托马斯·皮凯蒂在《21 世纪资本论》一书中，用大量翔实的历史数据对当代资本主义制度的合法性提出了质疑。当代资本主义社会阶级意识淡薄，有很大一部分原因在于中间阶级的幻想。而事实上，如本书第三章末尾所述，当代资本主义的中间阶级逐渐衰落，一旦爆发金融危机，中间阶级同样面临失业、面临降到工人阶级队伍之中的局面。更多的理论与现实表明，当代资本主义制度并不是一种良好的社会制度。

从理论层面上看，尽管当代的很多理论家不再诉诸阶级分析，然而他们中的一部分解决方案仍与阶级有着脱不开的关系，另一部分也无法真正解决资本主义社会的问题。例如，马尔库塞从消费社会的角度分析了阶级意识消解的原因，工人沉迷于消费时代，对资本主义社会只有肯定的力量、没有否定的力量，变成了单向度的人。他所分析的压抑的个体仍是基于工人阶级的立场，他所主张的解决方案是对资本主义社会的一切加以拒绝，尽管这种"大拒绝"带有乌托邦的性质，但是其目标还是在于摆脱资本主义社会。在 1968 年法国五月风暴爆发时，马尔库塞为之兴奋，然而革命的失败令他沮丧。或许，马尔库塞不再主张暴力革命的一个原因在于对革命的成功性有所怀疑。并且，后马克思主义者认为，马尔库塞"考虑的唯一的可能性还是工人阶级的全面解放的可能性，如进行革命的要求和主张，只是这一要求暂时受到了压抑"[1]。而对于后马克思主义理论而言，拉克劳和墨菲消解了阶级，在无阶级的社会中追求话语霸权，然而他们所主张的激进的民主也是一种无法实现的乌托邦。

---

[1] 糜海波：《马克思阶级概念的当代演变》，北京：中国社会科学出版社 2012 年版，第272 页。

　　或许，工人阶级还是一支隐形的力量。德国思想家达伦多夫用"准群体"与"显群体"的概念描述社会冲突。当统治阶级与被统治阶级存在潜在的利益冲突时，这两个群体是冲突的"准群体"，而当群体的潜在利益发生转化，一方要求实现利益时，准群体便变成了"显群体"。阶级也是如此，当代资产阶级用温水煮青蛙的怀柔政策，使工人丧失了阶级斗争意识和热情。而一旦工人阶级要求实现自己的物质利益时，只有推翻资本主义生产方式。从赖特的实证研究中可以看出，瑞典和日本有着完全不同的阶级基础，而一旦要求阶级斗争，显然瑞典的工人阶级更为先进。因此，阶级力量不是一蹴而就的，而是需要一个积累的过程，瑞典的工人运动和工会组织就是一个很好的例子。

　　当没有更好的替代方案的时候，唤醒工人阶级的意识、积蓄工人阶级的力量也不失为当代资本主义社会的一种选择。然而，仅仅寄托于阶级意识不免与青年卢卡奇一样，没有跳出黑格尔主义的藩篱。意识固然可以发挥主观能动性，但是生产资料的所有权才是问题的根本所在。推翻资本主义制度的真正方案，还有待研究。或许，当代资本主义国家可以向中国学习，社会主义市场经济体制，既有市场经济，又有国家宏观调控，这是一种可以长治久安的发展模式。然而如何从资本主义制度过渡到社会主义制度，才是要解决的难题所在。

　　而对于已经建成的社会主义国家而言，阶级问题已不再是社会冲突的核心。因而我们的要务也不是唤醒工人的阶级意识，而是该唤醒和培育大众的公民意识。然而，即使阶级斗争已经隐退，阶层观念或许仍在人们的脑海中根深蒂固，对此我们也可以从前文的分析中得以借鉴，即培育中间阶层。从多种社会学理论中都可以看出，中间阶层在维护社会稳定方面的力量是不容置疑的，当代资本主义社会工人阶级意识淡薄恰恰因为表面的中产阶级幻想，我们也可以从这种反面案例中吸取正面经验。在积极培育中间阶层方面，赖特对中间阶级位置的定位恰恰可以为我们提供经验指示。

第五章　阶级妥协与阶级超越

继阶级意识与阶级形成研究之后，赖特探讨了阶级行动理论，他的阶级行动理论不是阶级斗争，而是阶级妥协。赖特立足于当代资本主义社会的阶级现状，探讨了一种积极的阶级妥协理论。受到葛兰西文化霸权思想的启发和亚当·普沃斯基阶级妥协理论的影响，并且在研究了瑞典社会民主党采取阶级妥协机制调和资产阶级与无产阶级之间冲突的成功案例之后，赖特运用博弈论的方法，探讨了劳资之间发生阶级妥协的各种模式。其中，随着工人阶级联合力量的增长，工人阶级可能与资本家达成积极的阶级妥协。

赖特认为，这是在当代工人阶级力量薄弱的情况下，脚踏实地的一种理论出路。然而，由于理论与现实之间的巨大差距，实现积极的阶级妥协并不具有很强的乐观性。为此，赖特为资本主义社会的工人阶级谋求了另一条出路：在深化民主的基础上超越资本主义，走向社会主义。超越了资本主义社会，工人阶级的问题也就迎刃而解了。赖特提出了社会赋权理论，并且探索了通过社会赋权走向社会主义的五种可能途径。

赖特自以为超越了消极的阶级妥协，一种积极的阶级妥协理论是立足当下为工人阶级谋求的良好出路。然而，与他的阶级意识理论一脉相承，阶级妥协也是阶级意识丧失的一种理论体现。而他所探讨的社会赋权理论，是超越阶级解决资本主义社会问题的一种思路。这一理论构想具有很大的理想性，要想把理论变成现实，具有很大的实践难度，他的超越资本主义社会的理论构想到底是不是一种乌托邦，也有待检验。

第一节　积极的阶级妥协理论

赖特认为，在当代资本主义社会，直接发生暴力阶级冲突的概率比较小，相对于阶级斗争而言，研究阶级妥协理论更具有现实意义。而阶级妥协不仅仅是传统意义上的消极阶级妥协，劳资双方可以达成积极的阶级妥协。

首先，赖特对阶级妥协进行了基本的理论界定，提出了积极的阶级妥协可能发生的理论论断和基本策略形式；其次，赖特运用博弈论的方法，分析了在阶级对立过程中，工人与资本家策略博弈的不同模式；最后，赖特分析了积极的阶级妥协可能实现的现实机制，以及全球化对阶级妥协与工人阶级力量增长的影响。

赖特认为这一理论并不是在为资本主义制度的合法性进行辩护，而是在面对当下资本主义国家是一种既定存在并且工人阶级的力量不足以推翻这一制度的无奈下，退而求其次的选择。尽管如此，他的这一理论实现的前景也不乐观。

一、理论渊源与策略基础

传统马克思主义阶级理论很少论及阶级妥协，但是赖特认为这是适应当代资本主义社会阶级现实的一种理论。阶级妥协并非只有消极形式的被迫妥协，冲突双方也可以达成积极的阶级妥协。针对他即将展开的阶级妥协理论，赖特首先对核心概念与方法进行了前提性说明，进而讨论了在当代资本主义社会中，阶级妥协可能发生的几种模式。

（一）积极的阶级妥协理论的提出

所谓阶级妥协（Class Compromise），顾名思义，即处于对立状态的阶级双方对各自原本的利益主张做出退让，在某个点上达成共识。人们对阶级妥协通常有三种理解：第一，阶级妥协不可能发生，只有单方面的投降，双方不会同时让步。第二，阶级妥协是发生在双方势均力敌、难分高下的情况下，继续僵持下去双方会两败俱伤，而没有一方能轻易打败另一方，双方不得已做出让步而达成妥协。赖特把这种阶级妥协称为消极的阶级妥协。第三，一种积极的阶级妥协，即对立的双方并没有明确的力量对比结果，而是工人和资本家都以一种积极的姿态谋求合作以实现共赢，这是赖特所主张的阶级妥协。

　　赖特认为，传统的阶级妥协理论有两种，一是传统马克思主义者的观点，二是新古典主义经济学家的观点。在传统的马克思主义者看来，资本家的收益来自对工人的剥削，所以二者的利益本质上就是对立的。而新古典主义经济学理论认为，工人阶级联合起来影响了劳动力市场的效率，既难以下调工人的工资，又难以解雇工人。这两种观点有一个共同倾向，即认为工人阶级力量的增长与资本家利益的实现，二者之间完全是反向对立的，如图 5.1① 所示。

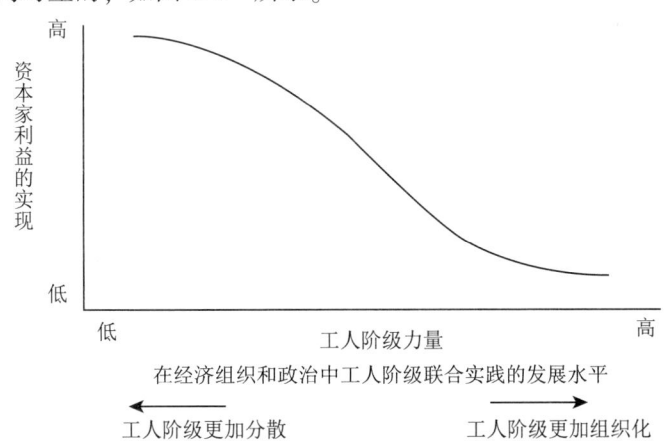

图 5.1　关于工人阶级力量与资本家利益之间关系的传统观点

① Wright E O, "Working-Class Power, Capitalist-Class Interests and Class Compromise", *American Journal of Sociology*, Vol. 105, No. 4, January 2000, p. 959.

但是赖特认为，工人阶级力量增长与资本家利益之间不是持续对立的关系，而是一种曲折的对立关系。而资本主义制度在当代具有一种现实的必然性，因此，谋求积极的阶级妥协是有现实意义并且可能的。赖特指出，通常人们会认为，工人阶级力量越分散，相互间竞争越激烈，资本家也越容易得到更多的利益。赖特却不赞同这种观点，他认为，在工人阶级力量不断壮大的过程中，起初会给资本家利益造成负面影响，而当工人阶级力量到达曲线最低点的时候，就开始对资本家有利，如图5.2① 所示。

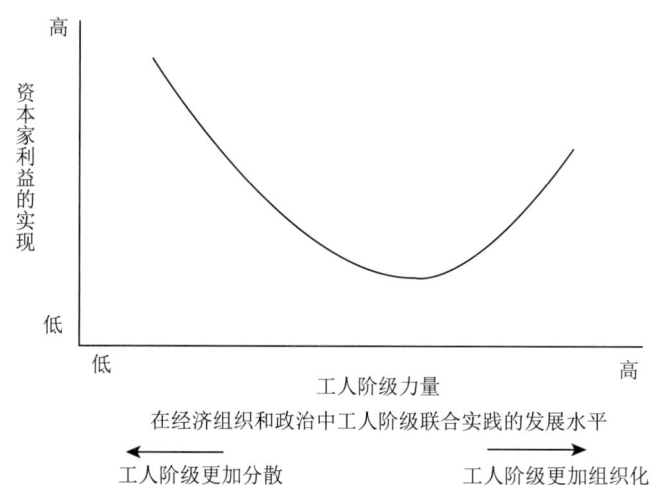

图5.2 工人阶级力量与资本家利益的曲线关系

赖特探讨了积极的阶级妥协实现的方式。工人组织的领导与资本家进行谈判，工人以合作态度带来企业利润的攀升，而资本家要提高工人工资、对工人进行技术培训，并且由于受到工会的保护，工人对企业内部的岗位培训与调整也会更加信任。这种良性互动就是积极妥协的现实

---

① Wright E O, "Working-Class Power, Capitalist-Class Interests and Class Compromise", *American Journal of Sociology*, Vol. 105, No. 4, January 2000, p. 960.

案例，因此工人阶级力量的增长并不一定与资本家利益成反比，双方是可以实现共赢的。这种积极的阶级妥协的实现有一个前提，即工人阶级联合力量的增长，这是一个必备的条件。

事实上，关于传统马克思主义对阶级妥协的态度，也不是尽然否定的。在马克思所生活的时代，资本家对工人的剥削确实是赤裸裸的，二者之间所呈现的是完全对立的关系，因而马克思很少提及阶级妥协。然而列宁在《共产主义运动中的"左派"幼稚病》一文中，曾明确区分过两种性质的阶级妥协，一是出于革命策略的"合理妥协"，一是机会主义者的"叛卖性妥协"。如果把两种类型的阶级妥协都加以否定，那无疑是一种孩子气。因此，在经典马克思主义者那里，阶级妥协有时候也是一种正当的革命策略。

（二）核心概念与方法界定

赖特对阶级妥协没有进行明确的定义，然而他从概念上对几个相关问题进行了清楚的说明。尤其是相关的"阶级"主体、"利益"的界定和"力量"所指，同时也指出了阶级妥协可能发生的领域。

首先，赖特采用"两极划分法"界定了阶级妥协的相关主体。他所探讨的阶级妥协是指发生在资本家和工人之间的博弈。赖特将资本家定义为能够拥有和控制生产资料的人，工人则是排除在生产资料所有权之外的雇佣劳动者。而对于阶级结构中的中间阶级，即前文所指的矛盾的阶级位置上的人，赖特则根据具体情况分别把他们归类到资本家行列或工人阶级队伍。例如，拥有股权或是在生产过程中具有明确管理和控制权限的人，赖特将其归为资本家阵营；而与工人更具相似性的则归为工人阶级。这种抽象的两极划分法，更容易发展阶级妥协的理论机制。

其次，赖特对阶级"利益"（Interests）进行了量化与同质性界定。此处所关注的利益是"阶级利益"，具体说来，与人们所在阶级位置相关的"物质利益"。赖特对利益的本质提出两个理论假设：第一，阶级利益可以量化（把阶级利益简化到单一的数量维度），这样有利于测量个体阶级成员实现阶级利益的程度。第二，同一阶级位置上的所有人具有相同的阶级利益。关于前者，工人和资本家具有不同的利益，例如工人对收入、工作环境、休闲时间、各种福利感兴趣，而资本家则关注企业的生产率、利润率、资本周转与规模的扩大等，双方都具有长期和短期的利益，赖特试图把这些利益量化，以衡量个体的利益实现程度。关于后者，为了探讨阶级妥协的利益需求，赖特忽略了同一阶级位置上的个体间差异，对他们的阶级利益进行了一种同质性设定，甚至这种同质性扩大到以整个"工人阶级"为单位。

再次，与利益的多面性相似，赖特界定了具有多种用法的"力量"（Power）。力量既可以指个人或组织实现其阶级利益的能力，同时，力量有时候也是一个关系概念，例如，工人阶级联合力量的强弱依赖于资本家对立力量的强弱。在阶级妥协的讨论中，赖特主要关注工人阶级的"联合"力量——各种工人集体组织的形成而产生的力量，如工会、政党等。相对于不同阶级位置的个体可能产生的各种力量而言，这里赖特更强调作为整体的集体性力量。

最后，赖特分析了阶级妥协主要发生在交换、生产和政治三个领域（Sites）。这三个领域中发生的阶级妥协是至关重要的，并且每个领域都可能对应大致特定的阶级主体。交换领域主要指劳动力市场和其他商品市场，有时候金融市场也会发生阶级斗争和阶级妥协。工会是交换领域的典型阶级组织形式。生产领域的阶级斗争和阶级妥协，典型案例是工人在生产中对劳动过程和技术有异议而导致的冲突，劳资协议是这一领域阶级妥协的常见形式。政治领域的阶级斗争与阶级妥协，是指由政府政策与各种强制性管理规则而引发的冲突，政党是其典型的冲突主体。尽管每一领域有大致相应的阶级冲突主体，然而这三个领域不是完全分立的，不同领域的工人组织之间存在着相互渗透。例如，工会在选举中会动员成员投票或是游说政客支持，这一过程同时也会在政治领域形成一种工人阶级的联合力量。

对上述几个问题进行前提性界定，为下文理论的展开打下了概念性基础。

（三）阶级妥协概念的定位

赖特指出，从最抽象和一般的意义上讲，无论是积极的阶级妥协，还是消极的阶级妥协，都有一个共同点，即每个阶级为了自身的利益，都会做出一些有利于对立阶级的让步，以使相互冲突的阶级之间达成某种交换共识。阶级妥协中的"妥协"就是基于阶级利益的妥协，即每个阶级的成员都要放弃一些价值。

赖特把他的阶级妥协概念与葛兰西的文化霸权理论联系起来，他认为二者有着密切的关联。葛兰西用"霸权"概念对资本主义社会的两种状态进行区分。在非霸权的状态下，资本主义的阶级关系是通过直接高压的政治强权来进行再生产的。而在霸权的社会中，阶级关系在很大程度上是通过从属阶级的同意才得以维持的。当然，"强制"仍然是一种背景条件，因为"霸权"是通过"强制"的保护得以实现的，但是，它不会持续地去控制人们的活动。因为要想将霸权持续下去，就必须做出某种阶级利益的让步。在这里，赖特认为霸权的本质也是一种妥协，同时他也认为葛兰西只是粗略地揭示了阶级妥协的概念。

另一位分析马克思主义者——亚当·普沃斯基曾系统地讨论了阶级妥协理论，他的理论对赖特影响较大。关于阶级妥协，普沃斯基得出的结论是：由于资本家获得利润是工人提高工资的必要而非充分条件，阶级妥协只有在这种情况下才能发生。所以现实的阶级妥协应该是，工人赞同资本家获得利润的制度，而资本家保证将利润的一定比例作为工资增长。赖特认为这是一种"消极的阶级妥协"，因为普沃斯基的这一结论突出强调了，工人为了换取资本家的物质福利增长，节制可能影响利润的斗争。在这种妥协模式中，工人处于被动状态。

不过，普沃斯基还讨论了另一种阶级妥协模式。他分析了二战后为何凯恩斯主义在发达资本主义国家受到了劳工组织和社会民主党的支持，因为总需求的扩大既有利于资本也有利于工人。但是这种讨论一般建立在对比的基础上，即与没有发生阶级妥协的情况下相比，达成阶级妥协之后资本家和工人实现了双赢。赖特扩展了普沃斯基积极的阶级妥协理论。

在进入具体的阶级妥协理论模式讨论之前，赖特从更宽泛的角度讨论了阶级妥协的四种可能形式，如表5.1① 所示。表5.1是沿着两个维度交叉讨论的，首先，阶级妥协的主体可能是分散的个人，可能是工人阶级联合力量；其次，阶级妥协形式可分为消极妥协和积极妥协。两种维度相互交叉可以产生四种阶级妥协形式，分别是：个人消极妥协的效率工资形式（表5.1左上）、个人积极妥协的忠诚机制形式（表5.1右上）、联合力量的劳资谈判形式（表5.1左下）和联合力量的积极合作形式（表5.1右下）。

表5.1 阶级妥协的概念区间

		阶级妥协的形式	
		消极妥协	积极妥协
阶级妥协的策略基础	没有联合力量的个人策略	促进努力的效率工资	促进忠诚的内部劳动市场
	联合策略	相互让步的集体谈判	正和社会公约：凯恩斯主义与新合作主义

"促进努力的效率工资"（Effort-promoting efficiency wages）是个人的一种消极妥协形式。这是管理学中的一种激励机制，资本家将高于市场平均工资的薪酬作为一种奖励制度，用以减少员工的消极怠工。然而同时，资本家也会为此在监督上花费更多的钱。这是资本家为对付消极

---

① Wright E O, "Working-Class Power, Capitalist-Class Interests and Class Compromise", *American Journal of Sociology*, Vol. 105, No. 4, January 2000, p. 965.

逃避工作的工人而采取的一种管理机制，是一种消极的阶级妥协形式。

工人也可能实现积极的阶级妥协，即"促进忠诚的内部劳动力市场"（Loyalty-promoting internal labor markets）。企业内部的劳动力市场，是指企业对员工进行培训、保持员工的劳动技能，并以企业文化引导员工的奉献、忠诚和责任心。这种机制能长期将员工的职业生涯与企业发展联系起来，提高员工的合作性和忠诚度。与消极监督与奖励相比，忠诚机制可以让员工从主观上增强与雇主的合作意识。

作为联合力量的消极妥协模式，是指"相互让步的集体谈判"（Collective bargaining as mutual concessions）。这是阶级斗争的结果，资本家与工人在对立的过程中，避免或终止阶级斗争的方式就是劳资双方的集体谈判，这通常是双方力量均衡或一方让步较大时才会发生。

赖特所主张的积极的阶级妥协，是指表5.1中右下角的单位，即"正和社会公约：凯恩斯主义与新合作主义"（Positive-sum social pacts：Keynesianism；neocorporatism）。这种主张的核心思想是，工人联合力量既可以给资本家带来利益，也可以给工人带来利益。这与传统马克思主义的阶级斗争观点是相背离的，于是此处赖特借助了凯恩斯主义和新合作主义的观点。赖特认为，凯恩斯主义的"充分就业"理论，保证了人力资源的优化配置，提高企业的生产率和产品质量，也会刺激消费，潜在地促进了资本家的利益。而针对充分就业可能引起的工资大幅上涨和通货膨胀可能引起的利润收缩，赖特认为，一些国家强大的工会组织可以对工资施加限制。实际上，凯恩斯主义的宏观经济学理论，主要倡导扩张性经济政策，通过扩大需求促进经济增长，维持资本主义经济繁荣，这一理论对资本家更为有利。然而，一些发达资本主义国家（如瑞典和比利时等）具有强大的工人联合力量，它们可以对资本家施加约束，保障工人的工资，同时也可以约束工人有序工作。赖特将这些案例作为积极阶级妥协的典范，所以他认为这一理论既是一种成功的解决方案，又是可能实现的。这种整体的运行模式又与新合作主义的主张不谋而合。新合作主义的核心机制是利益协调，旨在倡导将有组织的社团参与政府决策的过程合法化、制度化。具体地说，是将有组织的社会利益团体作为个人与政府之间的媒介。这些社会团体一方面将不同团体的利益要求传达给政府决策者，并在制定公共政策过程中作为该组织利益的代表者与政府进行协作，平衡不同团体的各方利益。另一方面，在与政府达成协议之后，社会团体协助政府在其所代表的群体中推行已经制定的国家政策。赖特的积极的阶级妥协理论，是建立在凯恩斯主义与新合作主义的理论基础之上的。

二、策略博弈模式分析

在探讨了积极的阶级妥协的基本意旨之后，赖特展开了对阶级妥协策略选择的具体论述。他采用了博弈论的方法，分析了工人与资本家策略选择的不同博弈模式。

在工人与资本家之间的关系上，每一方都面临一个二元选择：与对方合作或是反对对方的利益。站在工人阶级立场，合作即意味着为了实现企业利润最大化而辛勤劳动。如有不满，则会跳槽，而不是为了提高工资或改善工作环境而与资本家进行积极的斗争。如果工人反对资本家的利益，则会为了满足自身需求，与资本家进行单独的或集体的斗争，以减少剥削、增加自身利益。对于资本家而言，若与工人合作，则意味着在获得保证维持公司再生产的利润率的基础上，尽可能地提高工人的工资，接受工人组织的存在并满足工人对工作环境所提出的要求。若反对工人的利益，资本家会尽可能地压低工人的工资、增加劳动强度、阻挠工人成立自己的联合组织等。若把工人与资本家双方各自的两种选择方式排列出来，就可以得到表 5.2[①] 所示的四种可能的策略选择。表格中 "C" 代表合作（Cooperate），"O" 代表反对（Oppose）。其中，积极

---

① 吕梁山：《赖特的阶级理论研究》，北京：中共中央党校出版社 2007 年版，第 135 页。

的阶级妥协即工人与资本家都选择与对方合作，如表中（C，C）位置。通过表5.2的四种选择组合形式，赖特分析了工人与资本家博弈的五种可能模式，如图5.3①所示。

表5.2　工人和资本家的策略选择

	工人与资本家合作	工人反对资本家
资本家与工人合作	C，C	0，C
资本家反对工人	C，0	0，0

模型1，赖特将其称为"资本家单边支配博弈"。在这一模型中，对资本家来说，最好的选择是（C，0），即工人与资本家合作而资本家反对工人的模式组合。对资本家次优的选择是（0，0），这一前提是资本家的力量远远大于工人的力量，所以在工人发起斗争时，资本家能以微小的代价镇压工人。因而在这种模式中，工人与资本家在相互反对（0，0）的情况下比单方合作（C，0）的情况下处境更糟糕，这样发起斗争就是不理智的行为。所以，在模型1中，（C，0）会成为均衡结果。

模型2，赖特将之视为传统马克思主义阶级斗争模型。这一模型中工人与资本家的利益完全是成反比的，是一种零和博弈。对资本家而言，最有利的形式是（C，0），即在工人与他们合作的时候他们依然反对工人。资本家的次优选择是（C，C），即双方相互合作。然而，对工人而言，与资本家合作还不如反对资本家对自己有利。当双方利益完全对立时，在相互合作的情况下，资本家只会比选择反对工人策略的资本家对工人稍稍好一点，然而此时对于工人而言，他们选择合作就会降低他们的联合力量，随着工人力量的削弱，资本家又会选择反对工人的策略，此时就会退回到工人的单方合作状态（C，0）。即使工人通过阶级

① Wright E O，"Working-Class Power, Capitalist-Class Interests and Class Compromise"，*American Journal of Sociology*，Vol. 105，No. 4，January 2000，p. 972.

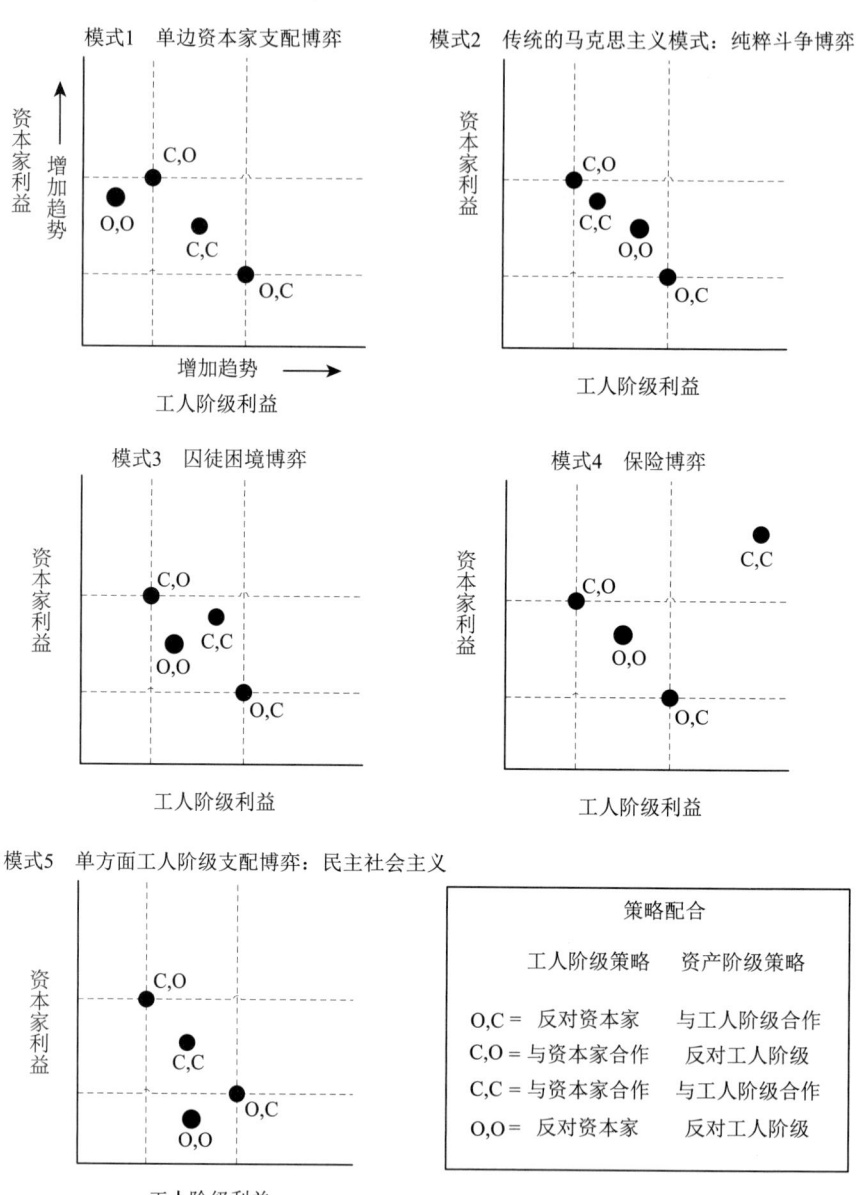

图 5.3 可能的策略博弈及对工人和资本家的收益结果

斗争迫使资本家让步，这也是一种消极的阶级妥协。因此，在模型 2 中，与对方合作意味着对自身利益的损害，从而资本家与工人都会选择反对对方的策略，这种博弈将在（O，O）状态下实现均衡。

模型 3 是一个标准的"囚徒困境"博弈模型，这是一个对双方都有对称回报的模型。无论对哪个阶级来说，（C，C）都是次优的选择，而（O，O）是第三好的选择。与模型 1 不同，相互反对会让资本家付出很大代价，这意味着工人有足够的力量在阶级斗争中与资本家对抗。与模型 2 也不同，工人在相互合作中会比在相互反对中获得更大的利益。对于双方而言，相互合作都会比相互反对有利。然而，若是一个一次性博弈，依据标准的囚徒困境模型，双方都会选择反对对方以保护自身利益，即（O，O）；若是一个可重复的博弈，双方都会选择合作以提高回报，即（C，C）。赖特寄希望于可重复的博弈，即如果（C，C）这一稳定解决方案可以发生的话，那么积极的阶级妥协就是可能的。

模型 4 是个标准的保险博弈模型。相互合作是对双方都最有利的方案，而若单方合作，结果还不如相互反对。所以在这种情况下，除非一方能确保另一方会选择合作，否则相互合作基本不会发生。如果阶级斗争是一种保险博弈，那么博弈双方都非常难选择，因为无法判定选择的回报。赖特认为，在现实资本主义经济体中不会发生保险博弈，"因为如果资本家不必让步就能获得工人的合作的话（C，O），那么他们就没有为了回报而进行合作的动机，（C，C）就变得不可能。"[1]

模型 5，这是一种与模型 1 相对称的工人单边支配博弈模型。此时工人力量足够强大，以至于可以在反对资本家的情况下迫使资本家与其合作，即工人不必做出任何退让就可以使资本家支持工人的要求。那么对工人而言，（O，C）是个比（C，C）更有利的选择。这一模型与民

---

[1] Wright E O, "Working-Class Power, Capitalist-Class Interests and Class Compromise", *American Journal of Sociology*, Vol. 105, No. 4, January 2000, p. 973.

主社会主义理念相近，是一种工人可以有效支配资本家的经济模式。

对五个模型进行解读之后，赖特指出，隐藏在这些博弈模型背后的关键因素是力量（Power），即资本家与工人双方的力量对比是展开这些博弈的决定性因素。而如果进行一种动态分析，就可以看到博弈主体力量强弱对博弈选择的影响，图5.4[①]是一个工人阶级力量由弱变强而博

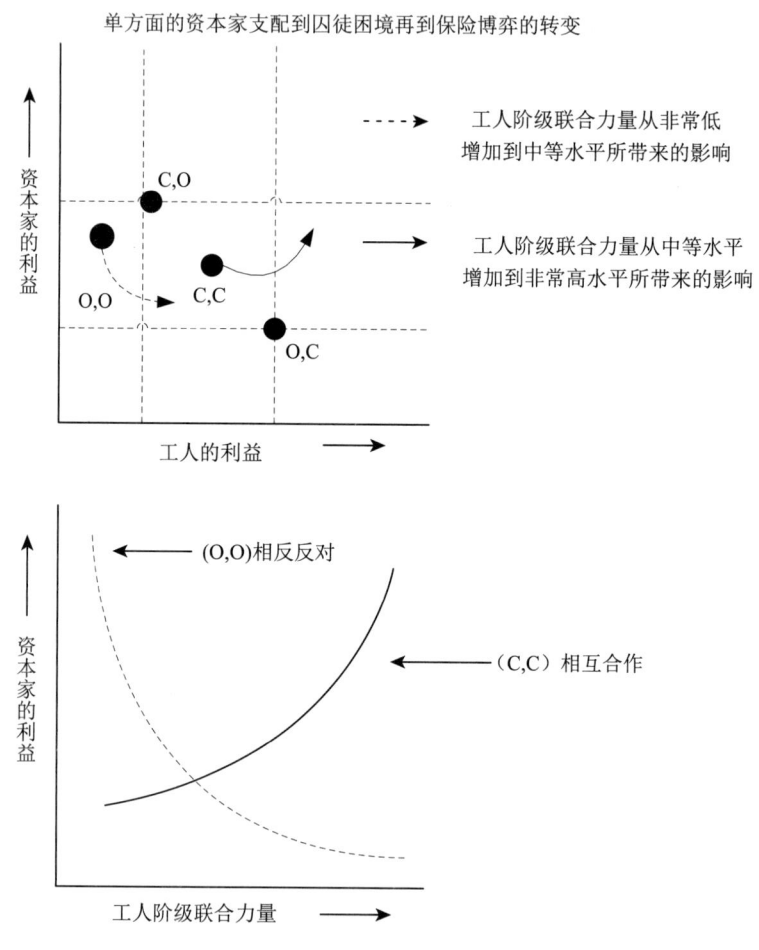

图5.4 工人阶级理论与阶级妥协的策略环境的变化

---

① Wright E O, "Working-Class Power, Capitalist-Class Interests and Class Compromise", *American Journal of Sociology*, Vol. 105, No. 4, January 2000, p. 975.

弈选择随之转变的模式图。从图 5.4 中可以看出，当工人阶级力量从非常低的水平开始有所增长的时候，模型 1 中的（O，O）位置开始逐渐走向右下方，资本家单边支配博弈逐渐转向了囚徒困境模型（模型 3），这使积极的阶级妥协成为可能；当博弈模型转换到保险博弈（模型 4）的时候，对双方都有利的选择仍是相互合作，积极的阶级妥协可能性进一步增大，尽管这在现实中发生的可能性极小。然而，从这一总体变化趋势中可以看出，随着工人阶级联合力量的增长，阶级妥协的可能性不断增大，并且逐渐从消极的阶级妥协走向积极的阶级妥协。

赖特运用博弈论的基本理论，分析了工人与资本家在阶级斗争中可能发生的博弈情形，也从中得出积极的阶级妥协可能发生的结论。然而，这仅仅是理论上的一种可能性，阶级妥协的真正发生还需要一些实现机制。

三、积极的阶级妥协的实现机制

赖特主张的积极的阶级妥协，其实现的基本要素是：工人阶级力量的增长，有可能促进资本家的利益。如果资本家的利益与工人力量的增长完全成反比，那么资本家一定会尽最大努力阻碍工人阶级力量的增长。如果工人与资本家的关系如图 5.1 所描绘的那样，那么积极的阶级妥协基本是不可能的，最多实现消极的阶级妥协。而如果二者的关系如图 5.2 所描绘的那样，那么，积极的阶级妥协就可能出现。

在这种可能性的基础上，赖特首先分析了交换领域、生产领域和政治领域三个领域阶级妥协可能发生的因果机制；其次对全社会范围内复杂叠加的阶级妥协模型进行了分析；最后分析了在全球化的经济形势下，不同领域的阶级妥协会受到哪些影响，以及工人阶级联合力量的增长会受到哪些影响。

（一）不同领域发生阶级妥协的基本因果机制

赖特认为，如果把图5.2的"反J型"曲线分解为向下倾斜和向上倾斜的两个部分，那么这一曲线就会呈现出两个因果过程，如图5.5①所示。向下倾斜的曲线反映了随着工人阶级力量的增强，资本家单边支配形式不断被削弱的过程；而向上倾斜的曲线，则体现出随着工人阶级联合力量的增强，有可能协调工人与资本家之间的矛盾，从而对资本家

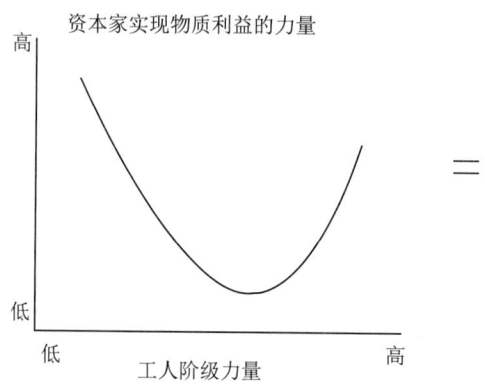

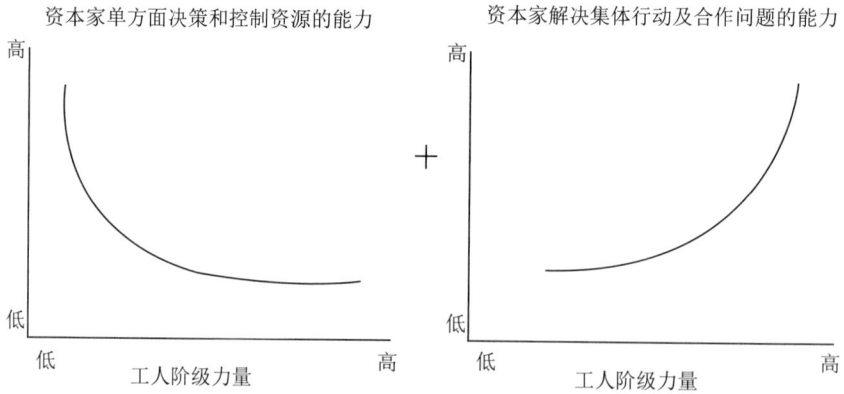

图5.5 工人阶级联合力量与资本家利益之间关系的变化

---

① Wright E O, "Working-Class Power, Capitalist-Class Interests and Class Compromise", *American Journal of Sociology*, Vol. 105, No. 4, January 2000, p. 978.

有利。赖特把图 5.5 所示的这种复合曲线机制植入到阶级妥协可能发生的领域进行分析，即交换、生产和政治三个领域，如图 5.6① 所示。

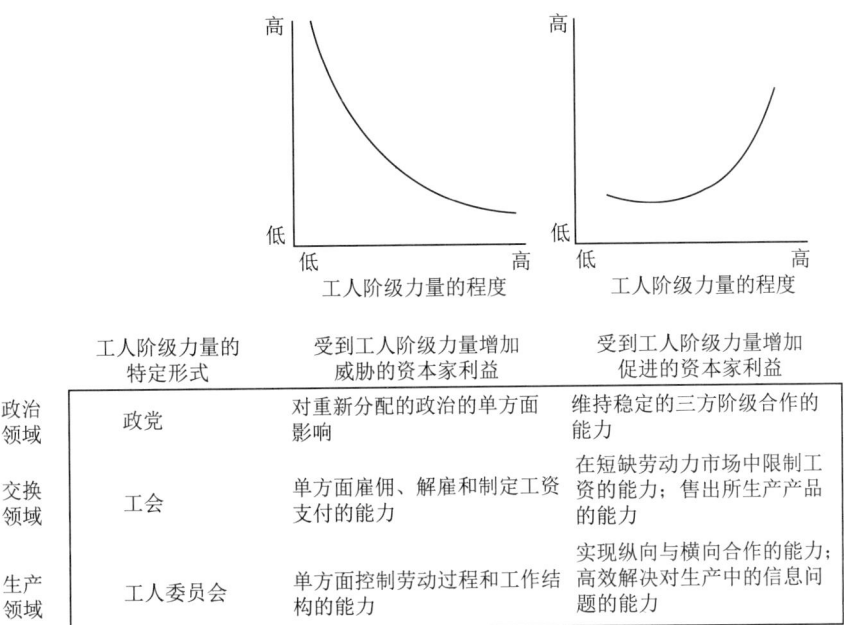

	工人阶级力量的特定形式	受到工人阶级力量增加威胁的资本家利益	受到工人阶级力量增加促进的资本家利益
政治领域	政党	对重新分配的政治的单方面影响	维持稳定的三方阶级合作的能力
交换领域	工会	单方面雇佣、解雇和制定工资支付的能力	在短缺劳动力市场中限制工资的能力；售出所生产产品的能力
生产领域	工人委员会	单方面控制劳动过程和工作结构的能力	实现纵向与横向合作的能力；高效解决对生产中的信息问题的能力

图 5.6 政治领域、交换领域和生产领域工人力量与资本家利益之间关系的解析

第一，交换领域。赖特认为，在交换领域中，资本家有一系列与工人相关的物质利益：最小化劳动成本；具有毫无阻碍地雇佣和解雇工人的能力；出售所有商品；劳动力市场能够提供可预期的、充足的劳动力供应，以使资本家能够形成一支具有独特复合技能的劳动力队伍。然而，这些利益之间却存在着冲突，出售掉所有商品就意味着工人要有足够的购买力，即工人有足够的可支配收入去消费。而同时，资本家又希望尽可能地压低工人的工资。赖特却把这种冲突当作了一个契机，资本

---

① Wright E O，"Working-Class Power, Capitalist-Class Interests and Class Compromise", *American Journal of Sociology*, Vol. 105, No. 4, January 2000, p. 979.

家有提高总体社会消费的利益需求，这为积极的阶级妥协的实现提供了一种可能。

赖特指出，工人阶级联合力量的增长对资本家的利益具有双向的影响，这就增加了实现积极的阶级妥协的可能性。一方面，工人阶级联合力量影响了资本家的部分利益。在没有工会的情况下，工人的利益得不到任何保护，在雇佣、工作环境、工资等方面资本家具有很强的任意性。而当工人阶级联合力量出现时，它们展开各种限制资本家单边行动的集体行动，降低了资本家在劳动力市场独自做出最优决策的能力，直接影响了资本家的物质利益。另一方面，工人阶级联合力量也可以通过协调集体行动，帮助资本家保持稳定的高利润率。资本家要保持稳定的高利润率，这依赖于交换领域的一系列条件的总和，这就需要协调与集体行动。而至少其中一部分协调与集体行动的问题，可以通过高水平的工人阶级联合力量来推进。这一问题的一个经典案例，就是工人阶级联合组织帮助资本家解决生活消费品总需求不足的问题。资本家希望自己支付较低的工资水平，而其他资本家支付较高的工资水平，这样工人就有可以支配的收入去购买生活消费品。赖特认为，工人阶级联合组织这时候就能够帮助资本家解决这一难题。如果为了避免低消费的困境，资本家可能会达成某些协议，而强大的工会组织这时候就可以起到阻止个别资本家违背协议的作用，这时候资本家就会面临一个稳定且可以预期的劳动力市场。同时，强大的工会组织也会对工资形成限制与监督，避免个别工人在劳动力市场紧缺的时候"趁火打劫"式地不合理抬高工资。这种对资本家和工人双方都有所限制也有所助益的强大的工人组织，为在交换领域形成积极的阶级妥协提供了必要条件。

第二，生产领域。对资本家而言，与工人相关的矛盾的物质利益也发生在生产领域中。一方面，资本家能从单方面控制生产过程中获得利益；另一方面，他们也能从员工的合作、主动性和责任感中获得利益。

在这种矛盾中，如果出现强大的工人阶级联合力量，资本家对生产过程的随意控制就会受到阻碍，资本家的利益受损；然而同时，工会组织的存在，为工人增强了安全感，促使工人在工作中更为配合，发挥更多的主动性和创造性，从而在管理者与工人之间形成稳定的合作关系，有利于企业提高生产力与利润率。生产领域中这种资本家矛盾利益的存在，促使积极的阶级妥协成为可能，因为工人组织可以协调资本家与工人的利益。然而，赖特指出，在发达的资本主义国家中，强大的工人联合力量并不多见，因为与这种工人组织合作，意味着资本家要收缩资本，并且在很多决策中受限。与其享受合作带来的利益，资本家更愿意选择不必费心应付工人联合组织。从而在生产领域，工人阶级力量与资本家利益之间的"反 J 型"曲线关系就形成了。

第三，政治领域的"反 J 型"曲线机制体现得尤为明显。很多相关的历史研究显示，随着工人阶级在政治领域的力量的增强，资本主义国家再分配的趋势也更加明显，从而工人的工资增加，税收与其他政策的转变会逐渐缩小社会不平等，从而高收入者尤其是资本家的利益会受损。这就反映了"反 J 型"曲线的向下倾斜部分。不仅如此，政治领域的变动还会波及生产与交换领域。然而，这种趋势也不是一直存在的，"反 J 型"曲线的向上倾斜部分也会发生，这一典型案例发生在受社会民主党执政影响的瑞典。瑞典在社会民主党执政期间，制订了一整套有利于中央工会与集中雇主协会长期协作的制度，这促成了瑞典社会的长期稳定增长。其中，"工人运动与社会民主党之间的组织性联系对这种稳定起到了至关重要的作用，因为它增加了罢工影响下的协议的合法性，增强了工人对协议在将来有效的信心。这使瑞典在相当长时间内维持高利用率、非常低的失业水平和相对较高的生产力增长"①。对于这些

---

① Wright E O, "Working-Class Power, Capitalist-Class Interests and Class Compromise", *American Journal of Sociology*, Vol. 105, No. 4, January 2000, pp. 983 - 984.

成就而言，在工人阶级联合力量增强的同时，以国家为中介的合作主义发挥了重要作用。

对三个领域分别进行分析，是为了清晰展现"反 J 型"曲线在三个领域的具体发生机制。然而，这只是对现实社会中阶级妥协发生机制的局部分解，真正的阶级妥协通常不是单独发生于某一领域，而是不同领域的阶级妥协相互作用的复杂结果，并且每一领域对整体阶级妥协结果的影响比重也不同。例如，赖特通过调查研究发现，在社会民主党执政时期的瑞典，工人阶级联合力量在交换领域与政治领域都非常强大，而在生产领域稍弱；在德国，这一力量在生产领域最强，其次是交换领域，而在政治领域非常微弱；在美国，工人阶级联合组织在三个领域的力量都在逐渐减弱，只在个别行业的交换领域颇为强盛。

（二）全社会范围内的阶级妥协发生机制分析

对于社会中复杂多变的阶级妥协发生机制，难以逐一进行分析。赖特选取了其中几个重要的模型进行讨论。其中包括工人阶级力量增长对资本家投资与积累利益的影响、社会范围内工人力量对资本家力量的影响以及加入工人阶级利益的对比分析。

首先，赖特分析了当三个领域中的工人阶级联合力量都接近理论上的最高值时，对资本家最重要利益——对资本投资与分配的控制的影响，如图 5.7① 所示。赖特认为，在资本主义生产方式中，对投资的控制是生产资料私有制意义要素的核心。当工人阶级联合力量的增长在正常的范围内时，通常对资本家的这一利益不形成重要威胁。然而，当工人阶级联合力量在三个领域内都达到最高理论值时，资本家对资本的投

① Wright E O, "Working-Class Power, Capitalist-Class Interests and Class Compromise", *American Journal of Sociology*, Vol. 105, No. 4, January 2000, p. 985.

资与分配控制就出现了危机，如图 5.7 所示，曲线的末段呈急剧下落的
趋势。但是，这只是理论上的一个推测，赖特没有指出的是，三个领域
的工人阶级联合力量同时达到最高理论值，在现实中发生的概率极其
微弱。

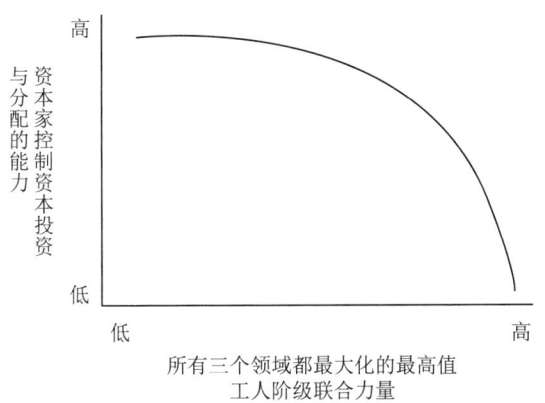

图5.7　与投资控制相关的工人阶级力量与资本家利益的关系

　　其次，赖特通过一些理论假设与分析，探讨了一个关于工人阶级联
合力量与资本家利益实现之间关系的扩展模型，如图 5.8[①] 所示。这一
模型中有两个理想的最高点，一是资本家利益的最高点，即图中资本家
的最高理想——毫不受限地控制资本，此时工人处于完全分散的无组织
状态，资本家可以毫无阻碍地开展生产活动，不用担心因为工资过低或
其他因素导致的工人运动。二是社会民主党的理想状态值，在曲线的这
个最高点上，资本家与工人为了彼此的利益进行了最优的合作。此时工
人阶级的联合力量非常强大，但是也不至于强大到威胁最基本的资本主
义财产权。

---

　　① Wright E O, "Working-Class Power, Capitalist-Class Interests and Class Compromise", *American Journal of Sociology*, Vol. 105, No. 4, January 2000, p. 987.

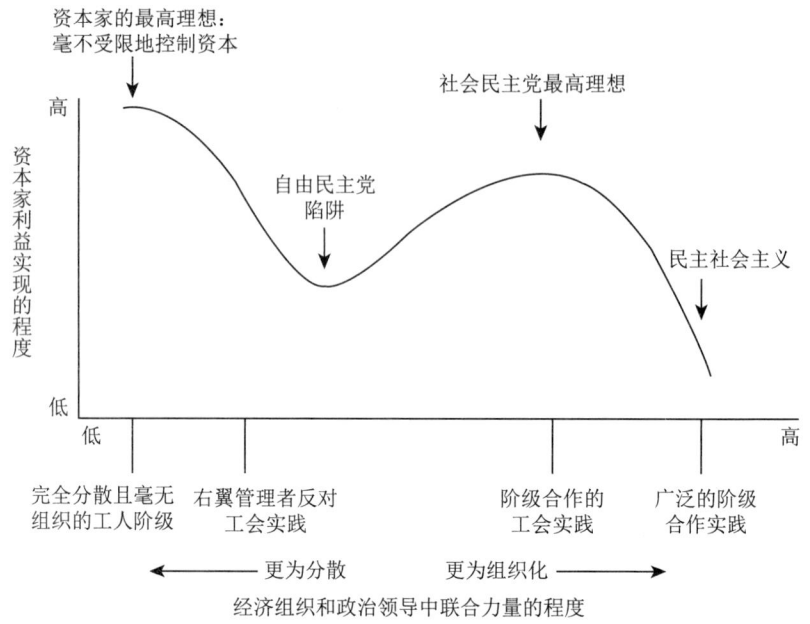

资本家的最高理想：
毫不受限地控制资本

社会民主党最高理想

资本家利益实现的程度

高

自由民主党
陷阱

民主社会主义

低

低   高

完全分散且毫无   右翼管理者反对   阶级合作的   广泛的阶级
组织的工人阶级   工会实践   工会实践   合作实践

◄── 更为分散   更为组织化 ──►
经济组织和政治领导中联合力量的程度

图 5.8　工人阶级联合力量与资本家利益关系的扩展模型

　　赖特对资本家的利益进行了详细分析，"从静态来看，资本家只关心他们在图的垂直轴线上位于何处；从动态来看，资本家通常要更关心曲线左边区域的位置"①。虽然社会民主党的理想状态值在理论上对资本家非常有利，但是他们宁愿工人阶级的联合力量在曲线这一理想状态点的左端，因为一旦工人阶级联合力量达到这一理想状态点，如果再发生一些工人阶级力量的变动，就可能会发生整个社会范围内的阶级力量平衡转变。他还举出 20 世纪 70 年代发生在瑞典的"工资基金"（wage-earner funds）议案为例。这一案例的大体内容是，瑞典工会通过使用工会养老基金换取企业利润，从而也加强了对瑞典经济的控制。这一提议遭到了瑞典资本家对社会民主党的武装攻击。因为虽然从经济上分析这

―――――――――

① 吕梁山：《赖特的阶级理论研究》，北京：中共中央党校出版社 2007 年版，第 150 页。

一提议有利于资本家利润的增长，但是同时也会增强工人的力量，对于资本家而言，这具有导向民主社会主义的风险，他们不可能冒着这种风险去获取那些经济利益。

赖特还指出，图5.8与图5.3中的模型是存在对应性的："资本家的最高理想与资本家单边支配博弈的均衡值（C，O）相对应"；而图中从左半部分向中间延伸的向下倾斜曲线部分，则与纯粹的零和博弈（图5.3中模型2）相对应，至多形成消极的阶级妥协；曲线中接下来的向上倾斜部分反映了可重复的囚徒困境博弈模型，（C，C）点为稳定的均衡值，此时积极的阶级妥协可能形成；而一旦到达曲线的顶点，就达到了社会民主党的最高理想，此时与保险博弈最接近；"如果事实上真的变成了一个真正的保险博弈［例如，图5.3中的（C，C）点最终移动结果矩阵的东北象限］，那么图5.8中的中间区域将会变成'J型'（J-curve）曲线而不是'反J型'；社会民主党的最高理想值将会高于资本家的最高理想值，于是阶级间的相互合作就成了自我强化，而不是建立在潜在的工人阶级对抗的背景上，这变成了某种社会民主的天堂；最后，民主社会主义与工人阶级单边支配博弈［均衡结果是（O，C）］相对应"①。

此外，赖特还将"工人阶级利益"引入图5.8的曲线中，形成了图5.9②的复合曲线模型，"两条曲线中的差别部分可以看作由工人阶级力量边际改变引起的工人利益与资本家利益的具体假说"③。

---

① Wright E O, "Working-Class Power, Capitalist-Class Interests and Class Compromise", *American Journal of Sociology*, Vol. 105, No. 4, January 2000, p. 988.

② Wright E O, "Working-Class Power, Capitalist-Class Interests and Class Compromise", *American Journal of Sociology*, Vol. 105, No. 4, January 2000, p. 989.

③ Wright E O, "Working-Class Power, Capitalist-Class Interests and Class Compromise", *American Journal of Sociology*, Vol. 105, No. 4, January 2000, p. 988.

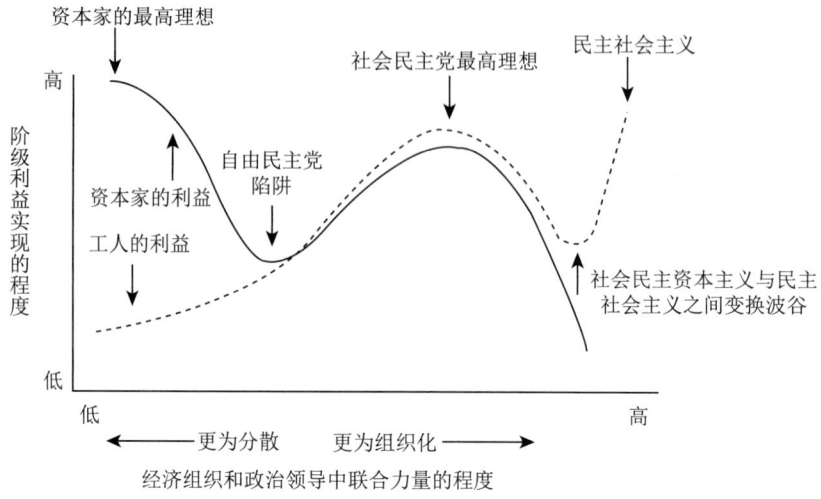

图 5.9　工人阶级联合力量、工人阶级利益和资本家利益

具体说来，可作如下解读：

第一，工人阶级利益与资本家利益的最大差距在曲线的两段，即工人阶级联合力量最弱时或最强时。

第二，工人阶级的物质利益与工人阶级联合力量的强弱成正比。

第三，两条曲线相交的"自由民主主义陷阱"附近区域，对应于图5.3 中从模型 2 中的相互对立结果（0，0）到模型 3 中囚徒困境博弈，工人与资本家之间相互反对彼此的利益，二者之间是完全对抗的。

第四，图中有一个两条曲线基本平行并同时向上的区域，即两条曲线在"自由民主主义陷阱"右侧的向上倾斜部分，此时随着工人阶级联合力量的增长，双方的利益都在上升，这段区域是最容易实现积极的阶级妥协的区域。

第五，而当工人阶级联合力量强大到超出劳资合作的范围时，即图中"社会民主党最高理想"右侧两条曲线都呈下降趋势的部分，工人阶级利益却再次下降。这是因为，此时资本家利益严重受损，资本家可能会以"资本罢工"（Capital Strike）的形式进行自我保护与回击，资本家采取的缩减投资等策略会使整个社会经济受到严重打击，显然工人阶级利益也会受损。"只有当工人联合力量增加到一个新的高度，即投资可以被民主地分配（即在分配上实行强制民主的意义上）的时候，工人阶级利益曲线才会再次上扬。"① 一旦实现了民主社会主义，工人阶级利益实现了最大化，而资本家利益达到了最低值，二者之间又出现了最大分歧。

这三个模型是赖特认为对社会范围内阶级妥协最具代表性的模型，从总体的理论方向上看，赖特的分析可圈可点。然而，若从现实实践中看，这三个模型的理论假设性过强，与现实社会实践的匹配程度有待考察。事实上，赖特本人也意识到了这个问题，于是他分析了现实阶级妥协中不可能达到的区域。赖特指出，由于受到两种主要排除机制的影响，一是制度性排除，二是机构性排除，在当代资本主义国家中，工人阶级处于分散状态、完全受压迫的情形不会再出现，同时，真正的民主社会主义也无法实现。在对现实的考察中，赖特对比了瑞典与美国的阶级妥协状况，发现瑞典的积极的阶级妥协比美国好②。

（三）全球化对阶级妥协与工人阶级联合力量的影响

赖特指出，如果他关于阶级妥协的基本理论建构是正确的，那么可以通过下面三种渠道改变积极的阶级妥协的发展前景：第一，改变曲线的基本形状，指改变图5.5和图5.6的曲线形状；第二，改变决定"机构性排除"的博弈规则，即改变资本主义社会现实政治制度中的一些限制；第三，改变工人阶级联合力量。然而，这只是一种设想，赖特说难以给出具体的理论。但是，他分析了在全球化的背景下，阶级妥协与工

---

① Wright E O, "Working-Class Power, Capitalist-Class Interests and Class Compromise", *American Journal of Sociology*, Vol. 105, No. 4, January 2000, p. 990.

② 详见 Wright E O, "Working-Class Power, Capitalist-Class Interests and Class Compromise", *American Journal of Sociology*, Vol. 105, No. 4, January 2000, pp. 990 – 995.

人阶级联合力量所受影响的趋势。

关于全球化对三个领域阶级妥协的影响，赖特进行了大胆的推测。首先，在交换领域，赖特认为全球化为阶级妥协带来了消极影响。这主要是因为资本流动和市场的全球化，削弱了凯恩斯主义政策对发达资本主义国家宏观经济的调节作用。商品价值不是由商品生产所在国的工人的购买力决定的，而是同时会受到全球整体市场情况的影响。而资本家可以把产品生产放到劳动力成本低的国家，这样即使有强大的工会组织，对工人工资的保障和资本家利益的双重影响也会大打折扣。

其次，在生产领域，赖特做出了与交换领域完全相反的预测。全球化竞争压力大增促使工人更积极地与资本家合作，在合作忠诚方面，双方都会得到益处。这会促进生产技术的改进、提高和积极创新的增强，同时也提高了产品质量。而强大的工人联合组织增强了资本家与工人之间的相互信任，工会的积极作用被强化，这也意味着全球化对在生产领域发生积极的阶级妥协有着正面影响。

最后，在政治领域，全球化则产生了消极的影响。资本的高速流动，尤其是金融资本的全球化，削弱了政府财政赤字政策的有效性和应对通货膨胀的能力。"过去在政治上高度组织的工人阶级，对资本家利益有积极影响的其中一个关键因素是：通过增加社会总需求为膨胀的政府支出创造条件。全球化的日益加强，既减少了来自这些政策的收益，又降低了政府维持这些政策的能力，从而缩减了国家财政自主权"①，这直接导致了政治领域积极的阶级妥协的下降趋势。

赖特不仅就全球化对三个领域阶级妥协的影响趋势做出推测，而且还对工人阶级联合力量的增长前景进行了预测。然而，赖特对后者的发展趋势所做的预测却不容乐观，他主要从三个方面分析了可能影响工人

---

① Wright E O, "Working-Class Power, Capitalist-Class Interests and Class Compromise", *American Journal of Sociology*, Vol. 105, No. 4, January 2000, p. 998.

阶级联合力量增强的因素。

第一，赖特认为，市场是容易加剧不平等的一个场域，而全球化更是加强了市场化。市场的多样化和竞争的激烈化，使原本差距甚微的竞争者们在经历各种市场的洗涤之后，变得有很大差距。这种差距的累积方式，在劳动力市场表现为劳动力层次的多元化，这就造成了同一阶级内部收入差距不断加大。而工人阶级内部也有这种现象，于是在职业和收入差距较大的基础上，工人阶级内部出现了不同的利益诉求，甚至很多人不再认同工人阶级的利益诉求。显而易见，这对工人阶级的团结是个严峻的挑战。

第二，前文是从个体角度分析阶级内部的差异，不仅如此，在与先进技术结合的过程中，掌握先进技术、获得高收入的工人日益增加，这也容易形成劳动力部门间的差异。一部分劳动力部门容易实现阶级妥协，而另一些很难。由这种经济发达程度不同造成的阶级妥协情况不均衡，也会进一步影响更广泛范围内的工人阶级联合力量的形成。

第三，全球化导致资本向人力成本低的国家和地区流动，这样很多发达国家的工人面临着失业。无论这只是资本家的一种威胁，还是一种潜在趋势，都促使工人不敢挑战资本家，这就降低了工人为了展开对抗资本家的斗争而团结一致的愿望。

赖特认为这三条原因都为工人阶级力量的联合设置了障碍。而且，为了分散工人阶级的力量，还有一些发达资本主义国家在制度上更加开放，使工人阶级内部有更多的人有机会通过各种努力上升到所谓的中间阶级位置，这些因素也不利于工人阶级形成强大的联合性力量。

四、赖特积极的阶级妥协理论的意义、局限及其阶级研究的方法论

赖特受到葛兰西霸权理论的启发和普沃斯基阶级妥协理论的影响，立足于当代资本主义社会的阶级现实，探讨了一种积极的阶级妥协理

论。就出发点而言，赖特无意做资本主义的卫道士，他认为阶级妥协理论是一种斗争策略。然而，这一理论建构本身就是阶级意识和阶级立场丧失的表现。这一理论建构既存在一些积极意义，也存在弊端。一方面，积极的阶级妥协可以在短期内促进经济的平稳发展，增加工人阶级的物质利益。另一方面，这一建构只是暂时缓解阶级冲突，却不是资本主义社会工人阶级发展的长远之计。同时，就他在阶级妥协理论中所采用的方法论而言，与他一贯所主张的方法论之间的和谐兼容性也有待商榷。

（一）出发点及其理论建构的意义与局限

从传统马克思主义的理论视角来看，探讨阶级妥协问题，似乎是投降派的一种表现，是在为资本主义制度的合法性做理论论证。然而，赖特研究这一问题的出发点绝不是这一意旨。面对资本主义在当下至少在某种意义上还具有现实的合法性的无奈，赖特受到葛兰西文化霸权理论的启发，把阶级妥协当作一种斗争精神的延续。同时，他认为普沃斯基的阶级妥协理论是一种消极的阶级妥协，而他要争取工人阶级利益的实现，于是探讨了一种积极的阶级妥协理论。他认为这不是对资本主义制度的承认与退让，而是在为工人阶级谋划一种现实的策略。

然而，赖特的理论构建及其内在意义却事与愿违。首先，赖特把积极的阶级妥协当作工人阶级未来发展的一个理论目标，这一建构本身就是工人阶级阶级意识的扭曲。赖特的阶级妥协理论与列宁所说的"合理妥协"不是一回事，作为短期的斗争策略，可以采取某种意义上的阶级妥协，然而，作为工人阶级长期发展的理论目标，即使是"积极的"妥协，这一理论建构目标也不值得称道。

这并不意味着赖特积极的阶级妥协理论没有任何正面意义。倡导积极的阶级妥协，既可以维护社会经济的平稳发展，有利于短期内的社会生产和工人阶级物质利益的提升；又可以在工人与资本家双方合作的形势中，有利于工人阶级各种政治活动的展开。然而，其弊端也是显而易见的，阶级妥协带来的合作只是缓和了双方的冲突，但是没有彻底解决这种冲突，不发生社会制度的变革，工人与资本家之间的矛盾就会存在。并且，积极的阶级妥协实现起来并不容易。在当代资本主义国家中，瑞典社会可以说是积极的阶级妥协的成功案例，而在其他大部分资本主义国家中，对于实现积极的阶级妥协而言，工人阶级的联合力量依然显得较为局促。而且，在赖特的分析中，在全球化愈演愈烈的国际环境下，积极的阶级妥协可实现的前瞻性并不乐观，工人阶级联合力量增长的前景也令人担忧。因而，即使积极的阶级妥协是一种退而求其次的选择策略，其实现的可能性也在不可控的范围之内。

（二）赖特阶级理论研究的方法论——从阶级妥协理论说起

赖特在研究阶级妥协问题时，主体上采用了博弈论的方法，行动者的理性选择模式在博弈过程中起到了关键作用。这一方法与赖特早期自述的方法论立场稍有不同。在《重建马克思主义》（*Reconstructing Marxism: Essays on Explanation and the Theory of History*，1992）一书中，赖特曾系统地阐述了他的方法论立场。一方面，他反对其他一些分析马克思主义者采用的"方法论个人主义"方法，主张反还原论立场。另一方面，他主张在研究中建立理论的微观基础，但是建立微观基础不是只有方法论个人主义者所采用的那种方法，他批判了埃尔斯特的理性策略行动模型，并指出了"囚徒困境"理论的多种局限。然而，此处赖特在讨论阶级妥协问题时，也采用了博弈论的方法和理性选择模型。

总体而言，在阶级问题研究中，赖特以"激进的平等主义"为深层理论目标、"中间阶级"为切入点、"剥削"为基础、"阶级位置"为行文关键词，运用分析的思维方法，在理论建构中寻求建立宏观理论的微观基础，并借用多种工具性方法——实证调研、建立模型、博弈论等实现其理论目标。其中，理论与实证研究相呼应是赖特阶级理论研究的一大特点。

我们可以把赖特所采用的研究方法分为三个层次：在最基本的思维层次，是分析的方法，这是一种思维方式；第二个层次，是由内在的理论目标所支撑起来的方法，即建立理论的微观基础，这是理论性方法；第三个层次，是在理论研究过程中思想外化所借助的工具性方法——实证调研、建立模型等方法，并且在阶级妥协问题研究中还采用了博弈论的方法。不同的方法，在不同的理论层次发挥作用，三个层次的方法依次递进、相互协调，深层次的方法为浅层次的方法提供思维依据，浅层次的方法则以有形的理论和工具诠释深层次方法的无形思维。三个层次的方法在辩证互动的关系中，为理论的形成提供了有力的支撑。

赖特在理论中所采用的"分析的"方法，不是通常人们所认为的"分析哲学"的方法，而是一种最为基本的思维方式——与"综合"相对而言的"分析"。赖特曾在《什么是分析的马克思主义》（*What is Analytical Marxism*）一文中，描述了关于"分析的"四个承诺："第一，在进行理论阐释和学术研究过程中信奉常规的科学规范；第二，强调基本概念的重要性，尤其是马克思主义理论的核心概念"；第三，"关注与概念相关的理论阐释，无论是关于建构解释性理论的因果过程的论断，还是关于建构规范理论的逻辑过程的论断，都该条理清晰"；第四，"无论是在解释性理论还是规范理论中，都强调个体意向性活动的重要性"。①赖特以概括分析马克思主义的"分析的"为契机所概括的这四点，也是他本人所坚持的基本"分析"方法。

然而，关于第四个承诺中的"个体意向性活动的重要性"，赖特与其他大部分分析马克思主义者产生了分歧。对于其他大部分分析马克思主义者而言，与这条承诺相对应的多是被称为"方法论个人主义"的个

---

① Wright E O, "Working-Class Power, Capitalist-Class Interests and Class Compromise", *American Journal of Sociology*, Vol. 105, No. 4, January 2000, pp. 181 – 182.

人主义方法，以及在具体理论中自觉地运用理性行动者模型，包括博弈论。与之相反，赖特反对"方法论个人主义"，虽然他赞同建立微观基础的方法，但是却反对理性行动者模型以及与之相适应的博弈论。

为了批判方法论个人主义，赖特将之与其他三种解释性方法论立场相对比，并得出结论：方法论个人主义的还原论意图不可能实现。他所搬出的其他三种社会解释原则是：原子论（Atomism），即本体论意义上的个人主义；极端整体论（Radical holism）；反还原论（Anti-reductionism）。方法论个人主义（Methodological individualism）的核心观点是：所有社会现象最好都通过组成这些现象的个体的属性（Properties）加以解释。也就是说，任何与宏观层面的社会概念相关的解释，原则上都应该还原为参与其中的个人及其性质的微观层面的解释。它与原子论有一个共同的观点：社会解释最终可以还原为个体层面的解释。与原子论相对的是，原子论是本体论意义上的个人主义，方法论个人主义则是方法论意义上的个人主义。

而赖特以反还原论的观点驳斥了方法论个人主义。反还原论认识到微观层次的解释在解释社会现象中非常重要，因此为从不可还原的宏观层次解释到微观层次的解释留出空间。方法论个人主义坚持认为，社会科学的一个重要目标是把解释还原为最微观层次的分析。对于方法论个人主义者而言，解释一种现象仅仅是提供产生这种现象的微观机制的解释。聚合的、超个人的社会范畴之所以能被接受，仅仅是因为没有更好的，这是由我们认知的局限性或知识的不充分造成的。与之相反，反还原论者在任何问题上都不会预设宏观层次的社会现象是否最终会还原为微观层次的解释。

方法论个人主义者坚持认为，微观解释可以替代（Replace）宏观解释，而不是在宏观解释的基础上加上（Add）微观原因的解释。赖特以哲学上的"例型"（Tokens）和"类型"（Types）的区分为例对其进行批判。"例型"是指特定的实例，例如某个特定工厂的一群工人举行的一次特定的罢工。"类型"是指所有"例型"共有的特征。方法论个人主义者坚持认为，社会例型事件（Token Social Event）和社会类型（Social Type）事件都可以还原为只和个体相关的概念；而反还原论赞同对例型事件的还原，但对社会类型事件的还原是不可能的，他以进化论中的案例说明了后者的不可实现性。

赖特在反对方法论个人主义、支持反还原论的基本立场上，主张在研究中建立宏观理论的微观基础。赖特认为，对微观基础的详细阐释，不仅有助于厘清宏观社会理论范畴的理论条理，而且能够促进解决研究过程中的经验难题。然而，需要详细阐述微观基础是一回事，具体采用何种方式阐述微观基础是另一回事。

方法论个人主义者，通常采用理性策略行动模型。这些模型假定行动者运用理性去选择行动，以最大化地实现自己的目标。这些模型是策略性的，其假定行动者在做选择的时候知道其他行动者也会在追求他们的目标时做出选择（即，每个人在做选择时会把其他人的选择考虑在内）。而赖特指出，理论上个人在做出选择时有多种方案："个人可能根据习惯而不是理性计算决定是否参与行动；领导或组织的奖励或惩罚措施；行动可能会重复发生，个人可以把不参与集体行动的可能的不好后果考虑进去；个人的偏好排序不再是利己主义，而是利他主义；等等"①。赖特一方面对理性行动者模型嗤之以鼻，另一方面却又对其产生了暧昧的态度。在2001年4月马克·科比（Mark Kirby）对他的采访中，他提到：理性行动者模型和博弈论可以完美地应用到马克思主义分析中，并且近年来这些工具的使用在很大程度上推进了马克思主义传统的进步。这就解释了为什么他在阐述阶级妥协理论时，运用了理性行动者模型。或者我们也可以说，赖特在后来的研究中，对早期反对理性行

---

① Wright E O, "Working-Class Power, Capitalist-Class Interests and Class Compromise", *American Journal of Sociology*, Vol. 105, No. 4, January 2000, p. 123.

动者模型的立场发生了改变。

　　总体说来，赖特在阶级理论研究中采用的三层方法是可以一一对应的。从词源上看，《韦氏第三版新国际英语词典》是这样解释"分析的"——"将一个整体或混合物分离或打破为其组成部分或构成元素"①。可见，"分析的"本身含有一种"分"的倾向，即将事物分解之后进行分析，建立宏观理论的微观基础正是这一思维方式的具体理论执行模式。同时，建立模型、实证研究等追求科学精神的分析方式为建立微观基础提供了工具。

　　然而，这种一脉相承的"分析的"思维方式也存在弊端。因为"分析是把事物分解为各个部分加以考察的方法"②，这是一种最基本的思维过程和方法，然而，如果在研究中仅仅把思维局限在"分析的"之中，通常来说理论会有所偏颇。如同近代西方哲学史上的经验论与唯理论之争，二者是由中世纪哲学的唯名论和实在论演化而来，此间一直争论不休，最后唯理论在莱布尼茨—沃尔夫体系中演变为独断论，经验论到休谟那里变成了彻底的怀疑主义。直到后来康德在《纯粹理性批判》中提出"先天综合判断何以可能"的追问，才揭示了两种理论的成就与弊端，建立了批判的哲学体系。经验论通常强调归纳和分析，而唯理论偏重演绎和综合，二者各执一端，但是它们都不能解决"人能否获得关于对象的普遍必然知识"这个时代命题。"分析的"这一思维理路与经验论传统相契合，因为逻辑分析与经验验证相结合，是逻辑实证主义的理论精髓所在，赖特也善于应用此种研究方式，而逻辑实证主义正是巴克

---

　　① *Webster's Third New International Dictionary*，G. &C. Merriam Company，made in the United States of America，first published in 1961，p. 77. 本书中"分析的"指 analytical 一词，在该词典中，analytical 一词被解释为 analytic，而 analytic 一词的释义为："of or relating to analysis or analytics；esp：separating or breaking up a whole or a compound into its component parts or constituent elements"，可译为：是分析的或与分析相关；尤其是将一个整体或混合物分离或打破为其组成部分或构成元素。

　　②《辞海（第六版普及本）》（上），上海：上海辞书出版社 2010 年版，第 1043 页。

莱和休谟的唯心主义经验论在 20 世纪的传承。

因此，赖特和其他分析马克思主义者所津津乐道的"分析的"方法并不完美，所谓"科学的"方法在社会科学领域（或许为了避免误解，"社会科学"这四个字应该换个说法）并不是最具说服力的，至少在哲学领域是如此。赖特所采用的分析的方法是经验论在当代的延续，而这只是天平一端的砝码，如果没有另一端同时撑起，天平必然失衡。对于"分析"而言，其分解后而分析的"发散"性思维方式，必然要经过汇总后而综合的过程才能"聚合"为完整的理论。赖特由对经验验证的痴迷而最终使理论只停留在"分析"的一端，忽略了综合的重要性。而作为一位自认为坚持了马克思主义理论核心见解的马克思主义者，他恰恰忘记了"分析"与"综合"的辩证统一、相互依存和转化。难怪学界因分析马克思主义者对辩证思维的轻视与否定，而对他们是否是真正的马克思主义者存有微词。与重"分析"轻"综合"而难以达到辩证的方法相对应的，赖特的这种研究方法也会因重"微观"轻"宏观"而难以把握全局，还会因为过于重视经验科学，而限制了规范理论发展的空间。

第二节　展望真实的乌托邦——
超越资本主义

在对当代资本主义社会的阶级问题进行一系列研究之后，赖特站在新马克思主义的立场，为资本主义社会的阶级问题提出了两条出路：一是工人阶级联合力量增长，与资本家达成积极的阶级妥协之路；二是超越资本主义，走向社会主义之路。关于后者，赖特提出了"社会赋权"（Social Empowerment）理论，并提出了五种通过社会赋权走向社会主义的可能道路。这是赖特近几年理论研究的核心，他称之为"展望真实的乌托邦"（Envisioning Real Utopias）项目。

　　本书第一章提过，赖特出于对"激进平等主义"的追求而探索"阶级"这一资本主义社会严重的不平等现象。他从 20 世纪 70 年代后期至今，一直在研究阶级问题，而大约近十年来，他把理论的重心放到了深化民主与超越资本主义的议题上。因此，在探讨如何超越资本主义、实现社会主义社会的问题时，赖特在他最初的立场上加入了"民主"要素，于是他站在激进民主的平等主义（Radical Democratic Egalitarian）立场，提出了关于未来社会的两个规范性目标：社会正义的目标与政治正义的目标。

　　社会正义的基本目标，即"所有人都大致平等地享有为过上繁荣生活所必需的物质和社会手段"；政治正义的目标，即"人们应当被平等地赋予权力，以便集体控制那些影响他们共同命运的状况和决定——这既是政治平等的原则，也是集体民主赋权的原则"[①]。两个目标结合起来，就要求在激进的社会和物质平等的基础上，深化民主。这两个理论目标是赖特在对资本主义制度的批判的基础上提出的，而关键的问题在于如何实现符合规范性理论目标的社会主义社会。

　　赖特打破了传统马克思主义理论把社会主义置于资本主义对立面的理解方式，他将社会主义与资本主义、国家主义同时进行比较，并在这种方式中重新定义了社会主义。在他看来，社会主义是这样一种经济结构，"其生产资料归整个社会共同所有，因此出于各种社会目的而进行的资源分配和使用是通过所谓的'社会权力'（Social Power）的实施而达成的"[②]。此处，社会权力是个核心概念，它与经济权力、国家权力都不同，是"植根于公民社会中动员人们参与各种合作性、志愿性的集体

　　① ［美］埃里克·欧林·赖特：《指南针：指向社会主义的替代性选择》，闻翔译，载《开放时代》，2012 年第 6 期。
　　② ［美］埃里克·欧林·赖特：《指南针：指向社会主义的替代性选择》，闻翔译，载《开放时代》，2012 年第 6 期。

活动的力量"①。此处，公民社会不仅仅是一个社交场域，而且是真正权力的持有者。而民主被视为连接社会权力与国家权力的中介，"在理想的民主政体中，国家权力从属于社会权力并且要对社会权力负责"，所以赖特指出："民主天生就是一种深刻的社会主义原则"②。"如果'民主'意味着国家权力从属于社会权力的话，那么'社会主义'则意味着经济权力从属于社会权力。"③ 在赖特定义的社会主义中，对投资与生产的控制都是通过某些形式的社会赋权（Social Empowerment）组织起来的。社会主义是一种类型的经济结构，然而在其中，经济权力在决定经济资源的分配和使用中不占据主导地位，社会权力才是真正的决定性权力。

赖特认为，在现实实践中，社会赋权对经济资源和经济活动的控制能力越强大，就越说明这个经济体是趋于社会主义的。他指出，不能给社会主义绘制出具体的蓝图，然而上述的理论原则却能够给社会主义提出一些指向，赖特称作"社会主义的指南针"。根据他的理论目标，这一指南针将指示出三个主要方向："第一，通过国家权力影响经济活动的社会赋权方式；第二，通过经济权力形成经济活动的社会赋权方式；第三，直接控制经济活动的社会赋权方式"④。这三种社会赋权方向可以源发出一系列转化形式，使社会权力转化为对经济活动的控制权力。三种方向的社会赋权形式如图5.10⑤所示：

---

① ［美］埃里克·欧林·赖特：《指南针：指向社会主义的替代性选择》，闻翔译，载《开放时代》，2012年第6期。

② Wright E O, "Compass Points: Toward a Socialist Alternative", *New Left Review*, No. 41, Sep-Oct 2006, p. 106.

③ ［美］埃里克·欧林·赖特：《指南针：指向社会主义的替代性选择》，闻翔译，载《开放时代》，2012年第6期。

④ Wright E O, "Compass Points: Toward a Socialist Alternative", *New Left Review*, No. 41, Sep-Oct 2006, p. 109.

⑤ Wright E O, "Compass Points: Toward a Socialist Alternative", *New Left Review*, No. 41, Sep-Oct 2006, p. 110.

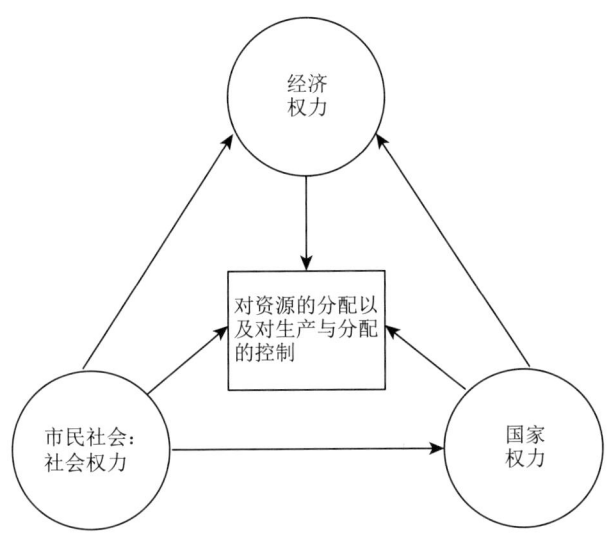

图 5.10　社会赋权的不同途径

在这三个方向中，赖特构想出五种途径的社会主义方案，他称这些制度为"真实的乌托邦"，"之所以是'乌托邦'，是因为它们体现了解放的思想；之所以是'真实'的，是因为它们尝试制定可行的制度设计"。① 赖特提出的五种方案分别如下所述。

第一，国家主义的社会主义（Statist Socialism）。

这是传统马克思主义关于社会主义革命的核心观点，其社会赋权的实现机制是：以国家权力为中介，社会权力间接控制国家经济。这一思路一般通过政党而实现，一个工人阶级的政党，一旦夺取了国家政权，就可以实现这一赋权方式。工人阶级赋权给工人政党，代表工人阶级利益的政党利用手中的国家权力，实现对社会经济的控制。其具体形式如

---

① Wright E O, "Compass Points: Toward a Socialist Alternative", *New Left Review*, No. 41, Sep-Oct 2006, p. 110.

图 5.11[1] 所示。

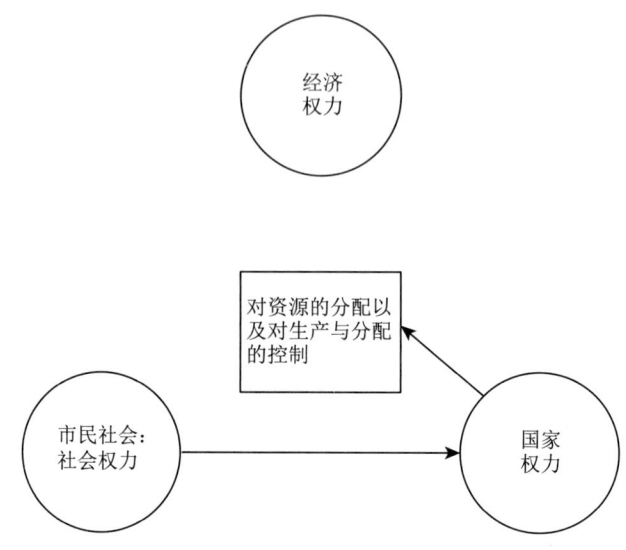

图 5.11　国家主义的社会主义

第二，社会民主制（Social Democratic）。

第二种潜在的社会赋权方式通过两步间接控制而实现，其中介分别为国家权力和经济权力，如图 5.12[2] 所示。赖特指出，即使在当代资本主义市场经济高度自由发展的时期，国家也能通过影响资本家经济权力的方式，间接控制社会经济。国家可以出台一系列经济控制政策，譬如对企业的各项生产指标、排放指标、工作环境、薪资等进行限制，从而通过对经济权力的管制而影响资源分配、生产与分配过程等。如果这一过程代表了社会赋权，还需要一个前提条件，即国家权力是由市民社会所赋予、真正代表了社会权力。

---

① Wright E O，"Compass Points：Toward a Socialist Alternative"，*New Left Review*，No. 41，Sep-Oct 2006，p. 111.

② Wright E O，"Compass Points：Toward a Socialist Alternative"，*New Left Review*，No. 41，Sep-Oct 2006，p. 114.

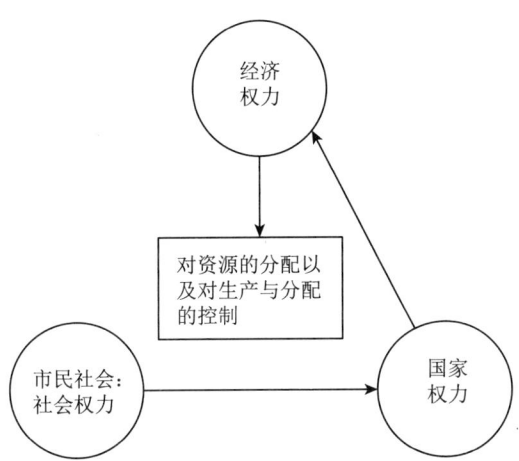

图 5.12　社会民主的国家主义经济制度

　　然而，赖特指出，在现实资本主义社会中，国家的很多经济政策与其说服务于民，不如说服务于资本。因此，很多时候资本主义社会的国家管制是图 5.13① 反映的情形，而不是图 5.12 的情形，即国家限制了

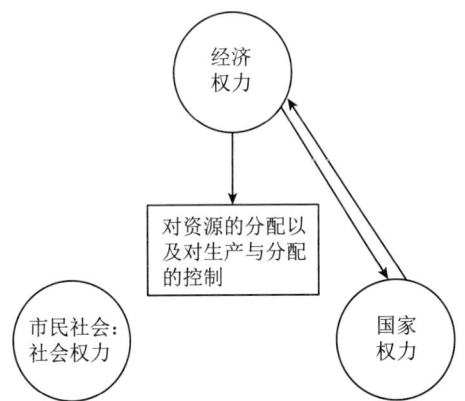

图 5.13　资本主义国家的经济制度

---

　　①　Wright E O，"Compass Points：Toward a Socialist Alternative"，*New Left Review*，No. 41，Sep-Oct 2006，p. 115.

资本，却在同时也赋予资本以权力。因此，问题是：在资本主义社会中，如何能够使国家对经济的控制转化为削弱资本的权力，而增强社会权力？这是一种民主化的过程，实现这一目标的途径之一是第三种社会赋权方式——"结社民主"。

第三，结社民主（Associative Democracy）。

这种社会赋权思路与流行于瑞典社会的阶级妥协有些相似，工人代表、资本家联合会和国家三方就一系列劳资问题进行协商，并最终达成一致、制定政策。赖特所说的结社民主，是指社会团体直接参与国家管理，而这一方案的实现方式有赖于相关政策的制定，社团参与国家管理由法律所保障。这是两种权力共同限制经济权力的社会赋权形式，如图5.14[1]所示。然而，这一方案也要保证社会团体真正代表公民的权益，并且社团内部的组织过程是民主、公正和公开的。而不是像日本的工会一样，被政府所控制，无法真正代表工人的利益。

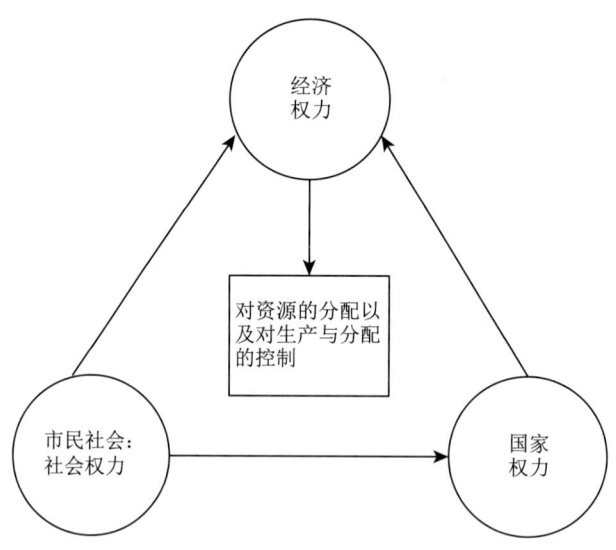

图5.14 结社民主

---

① Wright E O, "Compass Points: Toward a Socialist Alternative", *New Left Review*, No. 41, Sep-Oct 2006, p. 116.

第四，社会资本主义（Social Capitalism）。

赖特的第四种社会赋权方案，不再依赖国家权力，而是通过市民社会直接影响经济权力的方式，实现对社会经济运行的控制。这一思路起源于对经济权力本质的思考，经济权力源于对产权的控制与使用，而如果市民社会中的团体，可以通过某种方式实现这种控制，那么社会赋予就可以绕过国家权力而实现，如图 5.15[①] 所示。赖特的这一方案受到一些现实案例的启发，例如，如果国家改变相关政策和法规，工会可以把养老金用于投资，那么这就是一种小范围的社团影响经济权力的模式。在加拿大，有一种现实的赋权案例，工会促成了一项风险投资基金，该基金由工人主导，可以为满足特定标准的公司提供资本。社会资本主义还可以有很多其他组成方式，例如德国规定工人代表必须占据企业董事会中的一部分席位；甚至更为激进的提案是，由利益相关者的会议替代

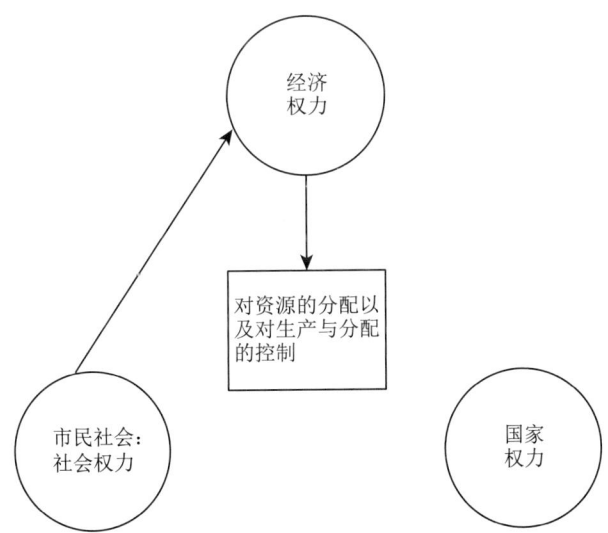

图 5.15 社会资本主义

① Wright E O, "Compass Points: Toward a Socialist Alternative", *New Left Review*, No. 41, Sep-Oct 2006, p. 117.

股东大会，等。赖特对社会资本主义提出了很多可实施的方案，这是第四种社会赋权形式。

第五，社会经济（the Social Economy）。

这一社会赋权方案更加直接，不仅绕过了国家权力，而且无需通过经济权力来控制社会经济，社会权力直接控制经济运行，如图5.16[①] 所示。这是对社会资本主义方案的进一步改良，市民社会中的团体直接参与现实经济活动，而不经由任何中介权力。赖特认为，这一方案直接改变了资本主义生产方式和市场环节。在这一方案中，生产的目的不是为了实现资本的利润，而是为了满足人们的需求；生产本身不再由资本家所组织，而是由市民集体直接控制；产品的分配也与资本主义市场经济不同，各种中间环节被减少。例如，社区自己成立医院与幼儿园；社区买回土地以提供普通人可以负担的住房；促进与南半球发展中国家进行

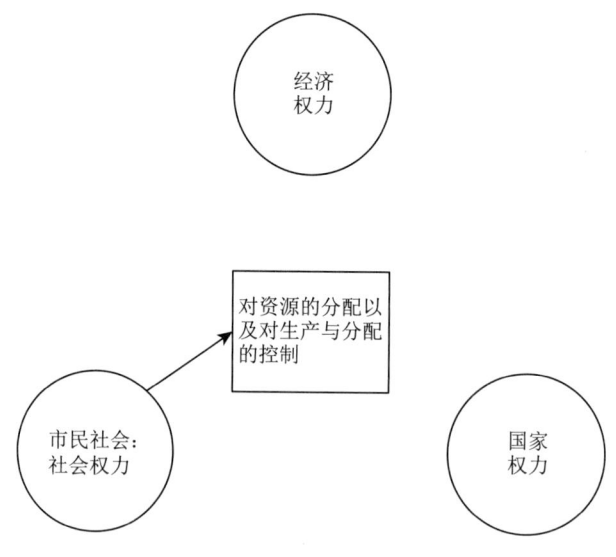

图5.16　社会经济

---

① Wright E O, "Compass Points: Toward a Socialist Alternative", *New Left Review*, No. 41, Sep-Oct 2006, p. 118.

公平贸易的 NGOs 组织等。赖特指出，在资本主义社会中，这类活动多由慈善机构捐助，所以很多是由宗教机构组织，或是政府通过征税提供资助。在现实中，也有很多这种形式的实例，例如，魁北克省的全面看护体系由政府提供资助，为老人和小孩提供全面看护；加拿大政府为单一付费的医疗体系提供资助，并通过立法阻止营利性公司的进入等。这些都是具有社会经济特点的现实案例。

这是赖特以"社会权力"为重心、以"民主"为基点而设想出的五种方案。在这些方案中，社会权力在社会生活中发挥作用的效力被大大提升，核心要素是：以市民社会为根基的社会权力直接或间接控制经济活动，通过这些方式，社会赋权因素不断增强，这就意味着社会正在朝着社会主义的方向迈进。

赖特试图通过超越资本主义的方式解决工人阶级与资产阶级之间的矛盾与冲突，这种解决方式或许也可以理解为不再通过阶级斗争直接解决，而是更多地通过温和的方式，朝着他所认为的社会主义方向、经由深化民主来解决。这一解决方案与王新生教授在一篇文章中提出的某些观点有些相似，王教授在《阶级意识的隐退与公民理性的建构——马克思主义政治哲学视野中的当代政治文化嬗变分析》一文中，立足于中国当下公民文化的建构问题，通过对历史与现实的跨时代分析，提出政治解释模式该从"阶级政治"转化为"公民政治"。当然，不同的是，王教授是在探讨中国公民文化的建构问题，而赖特是在研究资本主义国家如何超越资本主义的问题。

在赖特的社会赋权理论构想中，从市民社会中抽象出来的社会权力被赋予了真实而强大的效力。这一思路与哈贝马斯的"公共领域"有些相似，然而也有很大差别。一是赖特赋予了社会权力更强大的效力，而公共领域所形成的权力相对含蓄；二是赖特对社会权力的定位更为激进，哈贝马斯的公共领域是介于国家权力与私人利益之间的缓冲带，而赖特则希望社会权力能够凌驾于其他权力之上，甚至高于国家权力。赖特的社会权力是真正的权力中心，当然，这只是一种理想状态的模型，而在现实实践中，社会权力暂时不可能有这么强大的效力，那么社会权力每增强一些，就是在朝着社会主义的方向迈进了一些。

而赖特推翻以经济权力为主导的理论，赋予社会权力以最强的力量，或许是受到了葛兰西文化霸权理念的启发。然而与葛兰西具有竞争意识的文化霸权思想不同，赖特的社会权力是被设想为没有基本理论分歧的。然而，这种同一性的社会权力恰恰也是理论的一个症结所在。赖特自己也意识到了这个问题，他指出，一个有活力的市民社会体系恰恰是由各种异质性的诉求构成的，那么如何保证这些异质性的社会网络形成统一的权力基础呢？并且，还有一个延伸的问题，同样源于利益诉求的不同，不同的社会组织具有不同的立场，并不是所有社会组织都具有通常我们认为的普遍的"善良意志"的立场，诸如三K党（Ku Klux Klan，缩写为K.K.K.，是美国一个奉行白人至上主义运动和基督教恐怖主义的民间仇恨组织）和全国有色人种协进会（NAACP），这类组织都是具有排他性利益诉求的团体，如何保证对这些组织的赋权能够有助于超越资本、走向社会主义目标的实现呢？

除了这两个问题之外，在赖特设计的这些方案中，有些方案便于操作，在现实中已有类似理念的真实案例，而就其可实现程度而言，并不比赖特所探讨的积极的阶级妥协更难实现。然而也有一些很难实现，有些理念直接妨碍资本家的利益，实施起来必然会遇到很大的阻碍。而且，那些容易实现的社会赋权理念，仅仅屈指可数的几个案例对于整个社会而言，影响力是微乎其微的，但是无论如何，这些真实案例增强了社会赋权理论可实现的信念。

总体说来，无论是积极的阶级妥协，还是在深化民主的基础上努力朝向赖特所理解的社会主义，赖特对阶级问题的这两种解决思路，有一些共同的实践指向，即，跳出经典马克思主义的解决思路，而谋取在温和的社会实践中增强工人阶级的利益。在积极的阶级妥协理论中，赖特把中间阶级中的大部分划归到工人阶级联盟中去；而在社会赋权理论中，社会权力是源自市民社会中的权力，用来对抗资本主义经济权力——资本家的权力，社会权力的主体力量显然也是工人阶级与中间阶级的联合力量。两种解决思路与方法存在着巨大的差异，然而二者都旨在通过目前有施行可能性的途径，增强他所定位的工人阶级与中间阶级的权益，促进社会平等。

结　语

　　赖特立足于当代资本主义社会的阶级现状,对马克思主义阶级理论进行重建。我们要客观、辩证地看待他的理论重建,一方面,从理论和方法上看,赖特的建构在具有开创性意义的同时,也存在弊端。另一方面,赖特对阶级理论的研究,无论是在学术上,还是在现实实践中,都对我们具有深刻的启示意义。

　　从理论上看,当大部分人认为马克思两极分化的阶级理论无法充分解释当代资本主义社会的阶级现实的时候,赖特适时地对马克思的阶级理论进行重建。尽管他基于三种剥削机制的阶级结构划分方法存在争议,这一框架却也以一种崭新的方式将当代资本主义社会的阶级结构清晰地呈现出来。他以阶级"位置"为线索,对阶级问题所进行的一系列研究是有开创性意义的。同时赖特的理论涉及阶级问题的多个方面(包括本书没有阐述的),尽管不能说赖特给出了一本关于当代阶级问题的百科全书,其对阶级研究领域的贡献也是不言自明的。然而,挖掘其剥削理论的深层根源,就会发现赖特的剥削理论存在难以厘清的症结,多重维度剥削理论经不住推敲,究其原因,是因为在多种思想的共同影响下,赖特的阶级与剥削理论出现了纰漏与混乱,呈现出理论的不彻底性。

　　从方法上看,赖特总体上采用了分析的方法,这一思维方式使赖特的理论具有严谨、精确和实证性。而且,他采用理论建构与实证研究紧密结合的方法，理论不再是抽象的、高高在上的，而是具体的、可以对应于形而下的。然而，这一方法也存在弊端，"分析"作为与"综合"相对的一种思维方式，是一种发散式思维，而一种完整的理论需要发散性和聚合性两种思维的统一，即"分析"与"综合"的辩证统一。赖特过于重视"分析"，而轻视"综合"，难免使其理论因过于重视微观而难以把握宏观全局，过于重视经验科学而限制了规范性理论发展的空间。

尽管如此，赖特对阶级的研究还是能给我们提供很多启示。从学术层面上看，在阶级研究领域，赖特所开创的阶级与阶层研究相结合的模式，综合了不同阶级研究传统的理论优点；他所建立的资本主义阶级结构基本框架，是一种开放性的、强调阶级关系中相对位置的框架，在不同的社会中具有较强的可塑性与适应性；同时，理论与实证相结合的研究模式，在阶级研究领域的意义是不言而喻的。赖特的阶级研究对政治哲学领域也具有建构性意义，一方面，在当代西方政治哲学中，无论是新自由主义，还是社群主义，大多数思想家的理论建构都具有理想性色彩，而赖特完全立足于资本主义社会现实的阶级研究，把理论从理想性拉回到现实中。另一方面，在当代西方马克思主义研究中，分析马克思主义与后马克思主义是两种影响较大的新思潮，后马克思主义趋于一种解构性、离散性思维，赖特此时对马克思主义阶级理论的重建，虽然不能说完全成功，但是却是一种力挽狂澜的建构性理论。

从实践层面上看，一方面，赖特对资本主义社会阶级的实证研究，清晰地展示出资本主义国家的阶级状况，这也是整个社会结构的一个缩影；另一方面，他所建立的多个实践模型，经常被应用到不同国家的阶级问题研究中。赖特提供给我们的方法与大量翔实的数据，为我们认识当代资本主义社会，提供了便利的条件。不仅如此，赖特的研究对我国当前的社会发展也有很多启示，例如，当前我国部分学者对新自由主义经济模式抱着天真的幻想，提到收入分配不公就要学习西方。而本书通过对资本主义社会阶级结构的实证研究，揭示出资本主义社会日趋严重的贫富分化与不平等，托马斯·皮凯蒂在《21 世纪资本论》一书中，也用大量翔实的经济数据为这一结论做出佐证，这是对新自由主义经济模式的一个有力回击。另外，无论是否用阶级阶层分析模式解决社会问题，庞大的中间阶层都有利于长期的社会稳定，因此，我们应加强中间阶层的培育，而赖特所定位的那些中间阶级位置，有利于为培育中间阶层提供指示，这有利于社会的长治久安，为实现中国梦保驾护航。

总之，当传统马克思主义阶级解释模式不能适应当代资本社会现实的时候，赖特挖掘其合理内核，对阶级理论所进行的当代重建，在具有很多不完善之处的同时，也是有建设性的理论与现实意义的。

参考文献

一、赖特的译著、原著及期刊文章

[1]［美］埃里克·欧林·赖特：《阶级》，刘磊、吕梁山译，北京：高等教育出版社 2006 年版。

[2]［美］埃里克·欧林·赖特：《后工业社会中的阶级：阶级分析的比较研究》，陈心想、皮小林、杨玉明等译，沈阳：辽宁教育出版社 2004 年版。

[3]［美］埃里克·欧林·赖特主编：《阶级分析方法》，马磊、吴菲译，上海：复旦大学出版社 2011 年版。

[4]［美］埃里克·欧林·赖特：《阶级分析的三种逻辑与中产阶级研究》，载《江苏社会科学》，2008 年第 4 期。

[5]［美］埃里克·欧林·赖特：《理解阶级：建构一个综合性分析框架》，陈雪琴译，载《国外理论动态》，2011 年第 10 期。

[6]［美］埃里克·欧林·赖特：《指南针：指向社会主义的替代性选择》，闻翔译，载《开放时代》，2012 年第 6 期。

[7] Wright E. O. , *Class, Crisis and the State*, London：New Left Books, 1978.

[8] Wright E. O. , *Class Structure and Income Determination*, New York：Academic Press, 1979.

［9］Wright E. O. , *Classes*, London: New Left Books/Verso, 1985.

［10］Wright E. O. （Contributor）, *The Value Controversy*, Ian Steedman （ed.）, London: Verso, 1987.

［11］Wright E. O. , Becker U, Brenner J, et al. , *The Debate on Classes*, London: Verso, 1989.

［12］Wright E. O. , Levine A, Sober E, *Reconstructing Marxism: Essays on Explanation and the Theory of History*, London: Verso, 1992.

［13］Wright E. O. , *Interrogating Inequality: Essays on Class Analysis, Socialism and Marxism*, London: Verso, 1994.

［14］Wright E. O. , *Class Counts: Comparative Studies in Class Analysis*, Cambridge: Cambridge University Press, 1997.

［15］Wright E. O. , Fung A, *Deepening Democracy: Innovations in Empowered Participatory Governance*, London: Verso, 2003.

［16］Wright E. O. , *Approaches to Class Analysis*, Cambridge: Cambridge University Press, 2005.

［17］Wright E. O. , Rogers J, *American Society: How it Actually Works*, New York: W. W. Norton, 2010.

［18］Wright E. O. , *Envisioning Real Utopias*, London: Verso, 2010.

［19］Wright E. O. , "Class and Occupation", *Theory and Society*, Vol. 9, 1980.

［20］Wright E. O. , "Varieties of Marxist Conceptions of Class Structure", *Politics and Society*, Vol. 9, No. 3, 1980.

［21］Wright E. O. , "The Continuing Relevance of Class Analysis", *Theory and Society*, 1996, Vol. 25.

［22］Wright E. O. , "Working-Class Power, Capitalist-Class Interests and Class compromise", *American Journal of Sociology*, Vol. 105, No. 4, January 2000.

［23］Wright E. O. ，"The Shadow of Exploitation in Weber's Class Analysis"，*American Sociological Review*，Vol. 50，2002.

［24］Burawoy M. ，Wright E. O. ，*Handbook of Sociological Theory*，Jonathan H. Turner （ed. ），New York：Kluwer Academic/Plenum Publishers，2002.

［25］Wright E. O. ，"Complex Egalitarianism"，*Historical Materialism*，Vol. 10，No. 1，2002.

［26］Wright E. O. ，Dwyer R，"The Patterns of Job Expansion and in the USA：A Comparison of the 1960s and 1990s"，*Socio-Economic Review*，No. 1，2003.

［27］Wright E. O. ，*Making Capital Socially Accountable*：*An Introduction to Robin Blackburn and Ewald Engelen*，Politics & Society，Vol. 34，No. 2，2006.

［28］Wright E. O. ，"Understanding Class：Towards an Integrated Analytical Approach"，*New Left Review*，No. 60，Nov-Dec 2009.

［29］Wright E. O. ，*From Grand Paradigm Battles To Pragmatist Realism*：*Towards An Integrated Class Analysis*，Madison：University of Wisconsin，July 2009.

［30］Wright E. O. ，"What is Analytical Marxism?"，in Terrell Carver and Paul Thomas （eds. ），Rational Choice Marxism，London：MacMillan Press，1995.

［31］Wright E. O. ，"Compass Points：Towards s Socialist Alternative"，*New Left Review*，No. 41，Sep-Oct 2006.

二、其他中文论（译）著、论文集

［1］《马克思恩格斯文集》第 1 卷，北京：人民出版社 2009 年版。

［2］［德］马克思、恩格斯：《共产党宣言》，中共中央马克思恩格

斯列宁斯大林著作编译局译，北京：人民出版社 1997 年版。

[3]《马克思恩格斯选集》第4卷，北京：人民出版社 1995 年版。

[4]《马克思恩格斯全集》第 23 卷，北京：人民出版社 1972 年版。

[5]《马克思恩格斯文集》第2卷，北京：人民出版社 2009 年版。

[6]《马克思恩格斯文集》第 10 卷，北京：人民出版社 2009 年版。

[7]《马克思恩格斯全集》第 34 卷，北京：人民出版社 2008 年版。

[8]《马克思恩格斯全集》第 33 卷，北京：人民出版社 2004 年版。

[9]《马克思恩格斯全集》第 11 卷，北京：人民出版社 1995 年版。

[10]《马克思恩格斯全集》第 21 卷，北京：人民出版社 2003 年版。

[11]《马克思恩格斯选集》第 4 卷，北京：人民出版社 2012 年版。

[12]《马克思恩格斯选集》第 2 卷，北京：人民出版社 2012 年版。

[13]《马克思恩格斯全集》第 25 卷，北京：人民出版社 1974 年版。

[14]《马克思恩格斯全集》第 26 卷，北京：人民出版社 1974 年版。

[15]《马克思恩格斯全集》第 3 卷，北京：人民出版社 2002 年版。

[16]《马克思恩格斯文集》第 5 卷，北京：人民出版社 2009 年版。

[17]《马克思恩格斯文集》第 8 卷，北京：人民出版社 2009 年版。

[18] 马克思：《资本论》第 1 卷节选，见《马克思恩格斯选集》第 2 卷，北京：人民出版社 1995 年版。

[19] 马克思：《资本论》第 3 卷，北京：人民出版社 2004 年版。

[20] 马克思：《资本论》第 2 卷，北京：人民出版社 2004 年版。

[21] 马克思：《资本论》第 1 卷，北京：人民出版社 2004 年版。

[22]《列宁全集》第 4 卷，北京：人民出版社 1984 年版。

[23]《列宁全集》第 6 卷，北京：人民出版社 1986 年版。

[24] 约翰·罗默：《社会主义的未来》，余文烈等译，重庆：重庆

出版社 1997 年版。

[25] 约翰·罗默:《马克思主义经济理论的分析基础》,汪立鑫、张文谨、周悦敏译,上海:上海人民出版社 2007 年版。

[26] 约翰·罗默:《在自由中丧失》,段忠桥、刘磊译,北京:经济科学出版社 2003 年版。

[27] 马克斯·韦伯:《马克斯·韦伯社会学文集》,阎克文译,北京:人民出版社 2010 年版。

[28] 罗伯特·韦尔、凯·尼尔森:《分析马克思主义新论》,鲁克俭、王来金、杨洁等译,北京:中国人民大学出版社 2002 年版。

[29] 乔恩·埃尔斯特:《理解马克思》,何怀远等译,北京:中国人民大学出版社 2008 年版。

[30] 尼科斯·波朗查斯:《政治权力与社会阶级》,叶林、王宏周、马清文译,北京:中国社会科学出版社 1982 年版。

[31] 卢卡奇:《历史与阶级意识》,杜章智、任立、燕宏远译,北京:商务印书馆 2004 年版。

[32] 罗丝玛丽·克朗普顿:《阶级与分层》,陈光金译,上海:复旦大学出版社 2011 年版。

[33] E. P. 汤普森:《英国工人阶级的形成》,钱乘旦等译,南京:译林出版社 2001 年版。

[34] 戴维·李、布莱恩·特纳主编:《关于阶级的冲突:晚期工业主义不平等之辩论》,姜辉译,重庆:重庆:重庆出版社 2005 年版。

[35] 斐欧娜·戴维恩:《美国和英国的社会阶级》,姜辉、于海青、肖木等译,重庆:重庆出版社 2010 年版。

[36] 阿克塞尔·霍耐特:《为承认而斗争》,胡继华译,上海:上海世纪出版社 2005 年版。

[37] 雷蒙·阿隆:《阶级斗争——工业社会新讲》,周以光译,南

京：译林出版社 2003 年版。

　　［38］理查德·斯凯恩：《阶级》，雷玉琼译，吉林：吉林人民出版社 2005 年版。

　　［39］C. 莱特·米尔斯：《白领：美国的中产阶级》，周晓红译，南京：南京大学出版社 2006 年版。

　　［40］丹尼尔·贝尔：《后工业社会的来临——对社会预测的一项探索》，高铦、王宏周、魏章玲译，北京：新华出版社 1997 年版。

　　［41］大前研一：《M 型社会：中产阶级消失的危机与商机》，刘锦秀、江裕真译，北京：中信出版社 2010 年版。

　　［42］安东尼·吉登斯：《资本主义与现代社会理论：对马克思、涂尔干和韦伯著作的分析》，郭忠华、潘华凌译，上海：上海译文出版社 2007 年版。

　　［43］陈晏清等：《政治哲学的当代复兴》，北京：中国社会科学出版社 2011 年版。

　　［44］陈晏清：《陈晏清文集》，天津：天津人民出版社 2007 年版。

　　［45］陈晏清、王南湜、李淑梅：《马克思主义哲学高级教程》，天津：南开大学出版社 2001 年版。

　　［46］李淑梅：《政治哲学的批判与重建：马克思早期著作研究》，北京：人民出版社 2014 年版。

　　［47］王南湜：《追寻哲学的精神：走向实践哲学之路》，北京：北京师范大学出版社 2006 年版。

　　［48］阎孟伟：《在马克思实践哲学的视野中》，武汉：武汉大学出版社 2011 年版。

　　［49］王新生：《市民社会论》，南宁：广西人民出版社 2003 年版。

　　［50］李德顺、孙伟平、赵剑英：《马克思主义哲学范畴研究》，北京：中国社会科学出版社 2010 年版。

　　［51］杨桂华：《转型社会控制论》，北京：北京师范大学出版社

2009 年版。

[52] 丰子义：《发展的反思与探索：马克思社会发展理论的当代阐释》，北京：中国人民大学出版社 2006 年版。

[53] 张曙光：《现代性论域及其中国话语》，武汉：武汉大学出版社 2010 年版。

[54] 马俊峰等：《社会公正与制度创新》，北京：中国人民大学出版社 2013 年版。

[55] 齐艳红：《分析马克思主义方法论研究》，北京：中国社会科学出版社 2012 年版。

[56] 段忠桥主编：《当代国外社会思潮》，北京：中国人民大学出版社 2010 年版。

[57] 余文烈：《分析学派的马克思主义》，重庆：重庆出版社 1993 年版。

[58] 邹广文：《人类文化的流变与整合》，长春：吉林人民出版社 1998 年版。

[59] 王学典、牛方玉：《唯物史观与伦理史观的冲突——阶级观点问题研究》，开封：河南大学出版社 2010 年版。

[60] 沈瑞英：《转型期中国中产阶层与社会秩序问题研究》，上海：上海社会科学院出版社 2012 年版。

[61] 周穗明、王玫等：《西方左翼论当代西方社会结构的演变》，南京：江苏人民出版社 2008 年版。

[62] 李路路、孙志祥主编：《透视不平等——国外社会阶层理论》，北京：社会科学文献出版社 2002 年版。

[63] 李春玲：《比较视野下的中产阶级形成——过程、影响以及社会经济后果》，北京：社会科学文献出版社 2009 年版。

[64] 李琳：《政治哲学视阈中的中产阶层》，北京：中国社会科学出版社 2011 年版。

［65］张晓云、潘天群：《博弈论的马克思主义研究》，北京：中央编译出版社 2009 年版。

［66］糜海波：《马克思阶级概念的当代演变》，北京：中国社会科学出版社 2012 年版。

［67］倪力亚：《论当代资本主义社会的阶级结构》，北京：中国人民大学出版社 1989 年版。

［68］沈瑞英：《矛盾与变量：西方中产阶级与社会稳定研究》，北京：经济管理出版社 2009 年版。

［69］张亮：《阶级、文化与民族传统——爱德华·P. 汤普森的历史唯物主义思想研究》，南京：江苏人民出版社 2008 年版。

［70］吕梁山：《赖特的阶级理论研究》，北京：中共中央党校出版社 2007 年版。

［71］《辞海（第六版普及本）》（上），上海：上海辞书出版社 2010 年版。

三、中文期刊类

［1］［英］G. A. 科亨：《信奉而不恭维：对分析的马克思主义的反思》，秋华译，载《马克思主义研究》，1996 年第 1 期。

［2］［加拿大］鲍勃·威尔：《分析哲学与"分析的马克思主义"》，李莉译，载《复旦学报（社会科学版）》，1985 年第 4 期。

［3］陈晏清：《政治哲学的兴起与当代中国马克思主义政治哲学的建构》，载《中国社会科学》，2006 年第 6 期。

［4］王南湜：《从"理想国"到"法治国"——现实性的马克思主义政治哲学何以可能》，载《天津社会科学》，2006 年第 5 期。

［5］王新生：《阶级意识的退隐与公民理性的建构——马克思主义政治哲学视野中的当代政治文化嬗变分析》，载《哲学动态》，2014 年第 5 期。

［6］王新生：《超越应当的逻辑——马克思政治哲学的历史主义方法》，载《浙江社会科学》，2008 年第 1 期。

［7］王新生、齐艳红：《"重建历史唯物主义"的一种方法论尝试——分析马克思主义方法论的意义及其局限》，载《社会科学辑刊》，2010 年第 5 期。

［8］段忠桥：《再谈分析的马克思主义的主要特征》，载《马克思主义研究》，2000 年第 6 期。

［9］段忠桥：《分析的马克思主义的一般特征及其三个代表性成果》，载《教学与研究》，2001 年第 12 期。

［10］段忠桥：《关于分析马克思主义的两个问题——与余文烈同志商榷》，载《马克思主义研究》，1997 年第 4 期，第 58—65 页。

［11］段忠桥：《约翰·罗默的非劳动价值论的剥削理论》，载《马克思主义研究》，2006 年第 3 期。

［12］余文烈：《西方马克思主义的中间阶级理论》，载《政治学研究》，1996 年第 2 期。

［13］余文烈：《什么是分析的马克思主义的本质特征——兼答段忠桥同志》，载《马克思主义研究》，1997 年第 5 期。

［14］余文烈：《"分析的马克思主义"的分析》，载《马克思主义研究》，1989 年第 2 期。

［15］俞吾金：《埃尔斯特的〈理解马克思〉述评》，载《云南大学学报（社会科学版）》，2002 年第 2 期。

［16］俞吾金：《解读罗默的"一般剥削理论"》，载《上海交通大学学报（社会科学版）》，2002 年第 3 期。

［17］张之沧：《新时期的剥削和阶级概念——分析学派马克思主义观点简介》，载《长春市委党校学报》，2003 年第 3 期。

［18］曾庆福：《分析的马克思主义的阶级理论评析》，载《中共郑州市委党校学报》，2009 年第 2 期。

［19］鲁克俭：《当代西方剥削理论评析》，载《教学与研究》，2003 年第 8 期。

［20］张建军、曾庆福：《关于"分析马克思主义"思潮的几个问题》，载《学术月刊》，2010 年第 12 期。

［21］董兴杰、张红兵：《近年国内"分析的马克思主义"学派研究综述》，载《燕山大学学报（哲学社会科学版)》，2006 年第 2 期。

［22］陈伟：《"分析的马克思主义"的方法论》，载《当代国外马克思主义评论》，2008 年 00 期。

［23］吕梁山：《E. O. 赖特积极的阶级妥协理论刍议》，载《浙江社会科学》，2008 年第 3 期。

［24］吕梁山、江洋：《"阶级关系中矛盾的地位"——赖特关于当代资本主义社会"中间阶级"地位的理论评析》，载《中国特色社会主义研究》，2006 年第 3 期。

［25］吕梁山：《赖特关于阶级分析的一般框架和当代资本主义的阶级结构理论》，载《马克思主义与现实（双月刊)》，2006 年第 2 期。

［26］吕梁山：《赖特的中间阶级理论及其基础——多种剥削论评析》，载《马克思主义研究》，2007 年第 3 期。

［27］吕梁山：《马克思阶级关系两极分化理论在当代的适用性——兼析赖特的中间阶级理论》，载《辽宁大学学报（哲学社会科学版)》，2007 年第 2 期。

［28］吕梁山：《赖特对罗默剥削理论的借鉴与修正》，载《辽宁师范大学学报（社会科学版)》，2008 年第 1 期。

［29］彭恒军：《赖特的阶级理论及其价值——兼评改革以来我国的社会结构研究》，载《中国劳动关系学院学报》，2007 年第 2 期。

［30］彭恒军：《一种将阶级分析和阶层分析结合起来的努力——赖特的阶级理论及其价值》，载《学术论坛》，2007 年第 2 期。

［31］史为磊：《马克思恩格斯"中间阶级"思想及其当代价

值——基于马克思主义经典文本的考察》，载《求实》，2014年第2期。

[32] 张倩、林美卿：《赖特的中间阶级理论与我国中间阶层的培育》，载《山东农业大学学报（社会科学版）》，2010年第1期。

[33] 田振林：《赖特的中间阶级理论对我国构建和谐社会的现实意义》，载《聊城大学学报（社会科学版）》，2010年第2期。

[34] 刘刚：《阶级分析视域中的马克思主义平等观——兼析"罗默－赖特"阶级分析框架》，载《太原大学学报》，2008年第3期。

[35] 何霜梅：《当代国外马克思主义阶级理论研究探索》，载《攀登（双月刊）》，2011年第4期。

[36] 聂庆彬：《赖特积极的阶级妥协理论论析》，载《常熟理工学院学报》，2010年第3期。

[37] 韩铁：《美国新马克思主义者埃里克·赖特关于阶级问题的理论探讨》，载《武汉大学学报（社会科学版）》，1989年第1期。

[38] 陈晓明、李刚：《普兰查斯"多元决定论"的阶级观评析》，载《福建学刊》，1993年第5期。

[39] 縻海波：《当代资本主义社会和阶级机构的多重分析》，载《社会主义研究》，2011年第6期。

[40] 縻海波：《西方左翼流派关于阶级概念的多维阐释》，载《马克思主义研究》，2009年第7期。

[41] 董兴杰、才华：《"分析的马克思主义"学派的阶级理论及其借鉴意义》，载《邢台学院学报》，2005年第1期。

[42] 刘海军、吴长春：《近年国内阶级理论研究述评》，载《马克思主义研究》，2009年第10期。

[43] 蒋南平：《怎样看待约翰·罗默的非劳动价值论的剥削理论》，载《当代经济研究》，2007年第10期。

[44] 王朝科：《论罗默对马克思劳动价值论的否定》，载《马克思主义研究》，2008年第6期。

[45] 曾庆福:《罗默的"一般剥削理论"评析》,载《江汉论坛》,2007 年第 7 期。

[46] 孙慧:《赖特资本主义阶级结构理论研究》,南京:南京师范大学博士论文,2012 年。

[47] 王坤:《分析马克思主义的剥削理论研究》,天津:南开大学博士学位论文,2011 年。

[48] 聂庆彬:《分析的马克思主义的阶级理论评析》,开封:河南大学博士学位论文,2010 年。

[49] 邵远江:《"分析马克思主义"的阶级理论》,北京:中国社会科学院硕士学位论文,2003 年。

[50] 王峰明、牛变秀:《"剥削"与"非剥削"——立足于马克思〈资本论〉及其〈手稿〉的辨析》,载《马克思主义研究》,2008 年第 6 期。

[51] 王峰明、刘新刚:《〈资本论〉中的剥削观》,载《高校理论战线》,2008 年第 9 期。

[52] 刘新刚:《"分析马克思主义"剥削理论辨正》,载《理论探索》,2009 年第 6 期。

[53] 杨永华:《与剥削泛化论商榷》,载《马克思主义研究》,2010 年第 1 期。

[54] 林晖:《约翰·罗默的方法论及其在剥削理论中的运用》,载《当代国外马克思主义评论》,2011 年第 00 期。

[55] 孙寿涛:《中产阶级理论的破产与"美国梦"的破裂》,载《毛泽东邓小平理论研究》,2013 年第 9 期。

[56] 王存福:《马克思的中间阶级理论及其再认识》,载《云南行政学院学报》,2010 年第 4 期。

[57] 陆梅:《中产阶级的概念及理论回顾》,载《南通师专学报(社会科学版)》,1998 年第 3 期。

［58］赵林、林美卿：《赖特与马克思的"中间阶级"理论比较》，载《重庆交通大学学报（社会科学版）》，2013 年第 1 期。

［59］冯旺舟、华倩：《从阶级意识到阶级经历——兼析艾伦·梅克森斯·伍德对汤普森工人阶级形成理论的解读》，载《湖北经济学院学报》，2014 年第 6 期。

［60］冯仕政：《重返阶级分析？——论中国社会不平等研究的范式转换》，载《社会学研究》，2008 年第 5 期。

［61］王志刚、张云翔：《集体行动的"微观基础"：埃尔斯特对马克思阶级理论的重构》，载《上海行政学院学报》，2011 年第 6 期。

［62］马宁：《中产阶级还会存在吗？——马克思论贫富分化》，http：//blog. sina. com. cn/s/blog_a0e271df0101f221. html（访问时间：2014年 4 月 26 日）。

［63］《M 型社会使中间阶层凹陷当警》，http：//blog. sina. com. cn/s/blog_6825f7990100iixp. html。

［64］《全球化视野中的中国之二，自由化、贫富差距和中产阶级的消失》，http：//blog. sina. cn/dpool/blog/s/blog_4ac6bec001000d3a. html。

［65］《贫富差距大到惊人！美国前 3 名富人财富等同于后 50% 人全部财富》，来自新浪财经，https：//baijiahao. baidu. com/s？id = 1655718834616606155&wfr = spider&for = pc

四、其他英文专著及期刊文章

［1］John E. Roemer, *A General Theory of Exploitation and Class*, New York：Harvard University Press, 1982.

［2］Anthony Giddens, *The Class Structure of the Advanced Societies*, New York：Barnes & Noble, 1973.

［3］*Webster's Third New International Dictionary*, G. &C. Merriam Company, made in the United States of America, first published in 1961.

[4] Dahrendorf R, *Class and Class Conflict in Industrial Society*, California: Stanford University Press, 1959.

[5] Stinchcombe A, "Education, Exploitation, and Class Consciousness", *Critical Sociology*, Vol. 15, 1988.

[6] Sakamoto A, Jeng Liu, "A Critique of Wright's Analysis of Exploitation", *Research in Social Stratification and Mobility*, Vol. 24, 2006.

[7] Meiksins P F, "A Critique of Wright's Theory of Contradictory Class Locations", *Critical Sociology*, Vol. 15, 1988.

[8] Gubbay J, "A Marxist Critique of Weberian Class Analyses", *Sociology*, Vol. 31, 1997.

[9] Hogan R, "Was Wright Wrong? High-Class Jobs and the Professional Earnings Advantage", *Social Science Quarterly*, Vol. 86, 2005.

[10] Talmud I, Kraus V, Yonay Y, "Class Analysis and Earnings Inequality: Nested and Non-Nested Comparisons of Two Class Models in Israel", *Quality and Quantity*, Vol. 37, 2003.

[11] Róbert P, "Occupational Class Structure: Theoretical and Methodological Problems", *Review of Sociology*, 1998.

[12] Middendorp C P, Meloen J D, "The Authoritarianism of the Working Class Revisited", *European Journal of Political Research*, Vol. 18, 1990.

[13] Savage M, "Review Article: Class Analysis and Its Futures", *The Editorial Board of The Sociological Review*, 1994.

[14] Greene T P, "Psychotherapy and Social Class: Contradictions in Providing Patient Care Within the Structures of Capitalism", Wright Institute Graduate School of Psychology, 2001.

[15] Pakulski J, "The Dying of Class or Marxist Class Theory?", *International Sociology*, Vol. 8, 1993.

［16］ Jie Chen, Chunlong lu, "Does China's Middle Class Think and Act Democratically? Attitudinal and Behavioral Orientations toward Urban Self-Government", *Journal of Chinese Political Science*, Vol. 11, No. 2, 2006.

后　记

本书是在我博士论文基础上修改而成。博一的时候，我的导师陈晏清先生拿给我一套分析马克思主义丛书。大约从大三时起，我就对政治哲学的基本问题颇感兴趣，当我读到赖特的阶级理论时，他从平等主义出发，追溯到当代资本主义社会不平等的根源，这有些吸引我。而且，进一步吸引我的是赖特教授独特的研究方法。学界常见各种成体系的理论研究，却很少有人把自己的理论与现实社会以数据的形式一一匹配进行研究，赖特恰恰是这样做的，他努力把理论与实证相结合做到极致。于是我渐渐地走近了他的阶级理论。在后来与他通信过程中，我发现，赖特教授对学术研究的态度严谨到几乎苛刻，自我要求极高。可能也正因如此，他才能为当代阶级研究领域做出不可忽视的卓越贡献。遗憾的是，这位兢兢业业的学者于 2019 年 1 月因病不幸离世，生前留下的最后一部著作是《如何在 21 世纪做一个反资本主义者》。他的学术生涯始于平等，终于平等，努力追寻着马克思主义的脚步，阶级理论是他理论研究的核心。

我的这部书稿，从选题到成书，都离不开我的恩师陈晏清先生的指导与帮助。每每遇到瓶颈，恩师总是能指引我找到出路、引导我把问题和研究深化。恩师是一位非常睿智的学者与长辈，他善于敏锐地捕捉到学生的思想，释疑解惑，清晰流畅；他为人勤谨、治学严谨、幽默风趣；他思虑周全、心思细腻，无论是治学还是做人，都是我终生学习的榜样。

拙作浅薄，虽有幸被评为 2016 年南开大学优秀博士学位论文，但仍有很多问题待深入研究。感谢恩师的精心指导，也感谢母校鼓励我继续向前！我的本、硕、博三阶段学业都是在南开大学完成的，深受哲学院各位老师的传道、授业、解惑之恩。青春最美好的年华也是在南开园中度过的，母校低调内敛、踏实奋进的精神也深深积淀到我的灵魂中。

本书即将付梓之际，心中还有更多感恩之情。感谢我博士论文答辩委员会的李德顺、李淑梅、阎孟伟、丰子义等各位老师，他们对论文的肯定与支持给了我很大的鼓励，他们提出的宝贵建议对书稿的修改至关重要。感谢本书编辑李媛媛老师，她为本书的顺利出版付出了大量心血。感谢家人对我的学业和工作的支持，他们既是我的坚实后盾，又是我不断前行的动力。感谢中央编译出版社这一优秀出版平台，感谢我的单位北京中医药大学对本书出版的支持！

这本书稿，是我博士学习期间的一个阶段性研究内容，因本人才疏学浅，难免有不足之处，请各位专家学者批评指正！往者不可谏，来者犹可追，前路漫漫而修远，谨期以不懈的努力弥补昔日之憾，在哲学的道路上且行且进益。

骆　夷

2019 年 12 月于京